왜 이재명인가

기본소득과 억강부약

왜 이재명인가

― 기본소득과 억강부약

송필경 편저

다락방

책을 펴내며

7월 초순, 대구 시민사회에서 오랫동안 알던 김석호 선생을 통하여 원고 요청을 받고 바로 응낙했지만 돌이켜 보니 무모했다는 생각도 듭니다.

글 쓸 시간은 한 달 남짓이었는데 다행스럽게도 2015년부터 이재명 후보에게 관심이 많아 글 재료는 어느 정도 간직하고 있었습니다. 먼저 과거 페이스북에 썼던 글과 이재명 후보가 정치를 결심한 계기가 되었던 성남시의료원 관련 자료부터 모았습니다.

짧은 시간에 글을 쓸 수 있었던 것은 무엇보다도 이재명이라는 글 재료감이 풍부한 존재 덕분이었습니다.

지금 서점에는 이재명 후보를 설명한 책이 많이 있습니다. 지금의 대선 후보 가운데 그 정치인을 다룬 책이 이재명 후보만큼 많은 사람은 없습니다.

이는 이재명 후보는 생각할 거리를 가장 많이 던져 주고 있는 인물이기 때문입니다.

이 책은 이재명 후보가 던지는 여러 정책에 대한 나의 이해입니다.

이재명 후보는 추상적인 정치 수사,
즉 꾸밈말을 사용하지 않고 구체적인 정책을 제시합니다.

'억강부약'의 정치철학과 성남시장 8년, 경기지사 3년의 업적을 통해서 이재명을 봤습니다.

정책은 '선명'했고, 행정은 '분명'했습니다.
그래서 이재명 후보와 함께라면 우리나라는 '신명'나리라 생각합니다.

전문성을 살린 특별 기고로 본인의 부족한 부분을 채우며 책을 빛나게 해주신 다섯 분께 큰 감사를 드립니다.

'기본소득' 관련 원고 부탁을 흔쾌히 들어주신, 올곧은 선비 같은 인품의 강남훈 교수님.
나에게 생소한 기독교 신학이론과 진정한 예수의 삶을 이야기해 주신 신학자 김근수 선생님.
평생 토지 정의를 경제학적으로 연구하신 꼿꼿한 학자 김윤상 교수님.

남북관계 개선에 혼신의 힘을 다하시는 대북 전문가 김진향 전 개성공업지구지원재단 이사장님.

대학교육민주화를 위해 꿋꿋이 헌신하고 계시는 실천적 학자 이승렬 교수님.

또한 원고를 교정해 주신 유성동 선생님과 원고를 제안하고 꼼꼼하게 정리해 주신 도서출판 다락방 김태문 사장님께도 감사드립니다.

아내는 서울에 있는 손녀를 데려와 키우느라고 애쓰고 있습니다. 글 쓰느라 새벽마다 설쳐 잠자리를 불편하게 한 아내에게 미안한 마음은 어떻게 표현해야 하는지 몹시도 어렵습니다.

늘 그래왔듯이 대선은 매우 중요한 정치 행사입니다.

이제까지는 민주주의란 옷을 입기 위해 끈질기게 투쟁하였으며, 마침내 촛불혁명으로 지금은 그 누구도 부럽지 않은 민주주의 옷을 입었습니다.

앞으로의 과제는 촛불정신에 합당한 내용의 민주주의를 갖추는 일입니다.

민주주의의 참된 가치 실현을 위하여 우리 모두 손잡고 함께 나아갑시다.

2021년 9월

송필경

목차

제1장

나는 왜 이 글을 쓰는가

01 _ 메나헴 프레슬러

유튜브를 보다가 놀라운 장면을 봤다.

손에 주름이 잔뜩 잡힌 노인은 지팡이를 짚고 부축을 받으면서 무대에 어려운 걸음으로 나타났다. 그리고 의자에 앉아 모차르트의 피아노 협주곡 23번을 연주했다. 연주하는 손놀림은 느리게 보였지만 듣는 귀에는 어색함이 전혀 느껴지지 않았다.

메나헴 프레슬러Menahem Pressler 1923~. 그는 독일 출생 피아니스트다. 2017년 연주할 당시 95세였다. 독주가 아닌 오케스트라와 협연하려면 귀가 녹슬지 않아야 하고, 눈이 또렷해야 악보를 볼 수 있다. 또한 협연을 하며 자신의 감정을 연주에 녹이려면 정신은 맑아야 한다.

유튜브를 보니 그는 97세인 2020년 12월에도 슈베르트의 피아노 5중주 '숭어'를 연주했다. 연주하는 자세는 95세였던 2017년과 다름이 없었다. 놀랍고 놀라웠다.

99세인 지금도 정정한 피아니스트 프레슬러는 나치 시대의 참상을 봤고, 제2차 세계대전 후 조국 독일의 분단을 봤으며 세계의 양심으로 불리는 지도자 빌리 브란트를 봤다. 또한 베를린 장벽이 무너지면서 독일의 통일을 봤고, 통일된 독일에서 동독 출신의 여성 물리학자인 메르켈 총리의 정치를 봤다.

무척이나 오랜 세월을 살면서도 피아노 연주에 충실한 메나헴 프레슬러를 보니 60대의 나는 부끄러우면서 그의 삶에 녹아 있는 역사가 한없이 부럽다.

내 직업에 충실하지 못했으니 부끄러웠고, 조국의 통일과 시대정신이 우뚝한 정치인 브란트와 메르켈을 만난 것이 부러웠다.

나도 조국의 통일과 시대정신이 우뚝한 우리나라 정치인을 남은 생애에서 볼 수 있을까?

건강한 몸과 맑은 정신으로 살아 조국 통일과 좋은 정치인을 만날 수 있다는 희망을 지니련다.

02 _ 정치인과 음해

현재도 활발하게 활동하고 있는 정치인을 평가하는 글을 쓰는 것은 무척이나 어려운 일이다. 사후의 인물 평가는 과거의 일을 정리하면 되지만, 지금도 활동하고 있는 정치인에게는 아직은 평가를 할 수 없는 미래의 행위가 남아 있기 때문이다.

어느 누가 인간의 미래를 정확히 예측할 수 있겠는가!

용두사미의 정치인은 또 얼마나 많았던가.

아침에 아름다운 결심을 하고서도 저녁에는 허튼 짓거리를 하는 정치인이 허다한 게 우리의 역사이고 현실이다. 그리고 권력 있는 정치인의 과거와 현재를 평가하는 것은 자칫 아부나 개인숭배가 되기 쉽다.

종교학자 카렌 암스트롱Karen Armstrong; 1944~은 부처의 전기를 쓰는 것이 불교에는 어울리지 않는다고 했다. 불교도의 관점에서는 부처가 아무리 존엄한 존재라 하더라도 개인숭배는 있을 수 없기 때문이다. 불교도는 스스로 동기를 이끌어 내며 자신의 노력에 의지해야지, 카리스마를 가진 지도자에게 의지해서는 안 된다는 것이다.

현재도 열정적으로 활동하는 정치인을 평가할 때 중요하게 고려해야 할 문제는 그가 실현하고자 하는 정치 행위이지, 그의 삶과 인격을 우선해서는 안 된다는 뜻이다.

프랑스, 독일 등 유럽공동체의 많은 나라들이 정치인의 사생활에 대하여 언론보도를 금기시하는 것도 이러한 이유일 것이다.

정치인의 인격 평가는 그의 정치 행위를 평가하기보다 주관^{선입견}이 많이 개입한다. 인격은 객관적인 기준으로 판단하기가 쉽지 않다. '명백한' 증거가 밝혀지지 않는 한 그 사람이 도덕적으로 파탄했는지 아닌지를 판별하기란 여간 어렵지 않다. 정치인의 도덕성이 중요하지 않다는 말이 아니다. 얼토당토않은 '카더라'식 유언비어로 정치인을 괴롭히는 일이 너무나 비일비재하다.

정치에 관심을 지니고 참여하려면 사회가 요구하는 정치 과제를 스스로 찾아내고 해결을 위해 노력 해야지, 카리스마를 지닌 정치인의 행위를 쳐다보면서 무조건 지지하는 행위는 어리석은 일이다.

정치인을 숭배하게 되면 그 정치인의 정치 행위는 평가하지 않고, 숭배에만 몰두하게 된다. 지지하는 정치인을 향한 맹목적인 숭배는 그 정치가의 눈과 귀를 흐리게 만들어 정책 판단에 방해를 주며 결국에는 지지하는 그 정치인을 정치 파탄의 길로 인도하기 마련이다.

진실은 사실을 초월한다. 수많은 사실로 엮여 있는 진실은 어느 사람에게는 중요한 사실이 다른 사람에게는 별 것 아닌 경우도 많다. 많은 사실이 뒤섞인 사건의 진실을 한 가지 얘기만으로 판단하여 호도하는 경우가 많다. 성찰이 없는 사람이 주장하는 사실은 진실과 거리가 먼 '확증편향'이란 편견일 뿐이다.

우리의 민주주의가 가장 짧은 시간에 촛불혁명 수준에 도달한 것은 세계사적으로 유례가 없는 일이지만, 우리 사회의 정치 영역에서 최소한의 상식마저 지키지 못하는 아쉬운 일이 어디 한 둘인가.

김대중 전 대통령은 남북 평화에 기여한 노력으로 우리나라 최초로 노벨상을 수상했지만, 국내 반대 세력의 노벨상위원회에 뇌물을 주었다는 등의 온갖 중상모략으로 인격적 수모를 당한 것을 보라. 지금도 그렇게 믿는 '확증편향'의 사람들이 이 땅에는 꽤나 많다. 국제적으로도 널리 알려진 창피한 일이어서 노벨상위원회에서 다시는 한국 사람에게 노벨상을 주지 않겠다는 말까지 떠돌 정도였다.

명백한 증거가 없거나 사실도 아닌 일을 사실인 양 정치적 의도를 가지고 상대를 모함하고 인격을 깎아내리는 것은 우리 정치 풍토의 몹쓸 병 가운데서도 아주 몹쓸 병이다.

03 _ 친구의 전화

언제부터인가 초저녁에 자고 일찍 일어나게 되면서 2012년부터는 새벽에 페이스북에 글을 꾸준히 썼다. 당시에 나는 '베트남평화의료연대'의 대표이사를 맡고 있으면서 한국과 베트남 사이의 역사문제에 관심을 지니고 공부했다.

처음에는 베트남 현대사와 베트남전쟁에 우리나라가 참전하면서 얽힌 문제에 관련된 글을 썼다. 그러다가 우리 사회의 사회 정치 문제로 글쓰기를 넓혀갔다. 이런 글쓰기는 어느덧 내 나름대로 사회활동 방식의 하나가 됐다.

다음은 2016년 4월 20일 페이스북에 쓴 글의 일부이다.

내 인생에서 저 분은 꼭 대통령이 되었으면 하고 바란 인물 중에 대통령이 된 분은 DJ 딱 한 분이다. 현실적 파워와 함께 정치적 안목이 넓고 논리정연한 분이 당시에는 흔치 않았다.

노무현 대통령은 후보가 될 무렵에야 비로소 그 진가를 보았다. 그 이전에는 뚝심 있고 대단한 정치 투사로만 보았지 대통령이 될 가능성에 대해서는 확신을 갖지 않았다.

노무현 대통령 이후 두 대통령, 이명박과 박근혜의 행태는 언급할 필요가 있을까?

두 대통령을 겪고 난 지금 내 소감은 대통령을 정말 잘 뽑아야겠다는 절실함이다.

우리 사회는 크게 두 가지 시대적 과제를 안고 있다. 민주적 신념은 물론 기본이다.

첫째는 남북 협력이고,

둘째는 신자유주의적 틀에서 벗어남이다.

남북관계를 대하는 판단 능력과 복지국가를 향한 꾸준한 사고 능력을 지닌 지도자를 나는 원한다. 사람만 좋아서는 안 된다. 과제를 실행할 정치적 강단이 있는 사람이어야 한다.

그래서 나는 지금부터 이재명을 선택하려고 한다.

페이스북 글은 대체로 짧은 시간에 쓰고 책 원고처럼 교정을 거치지 않기 때문에 얼마간 거칠고 정연하지 않은 점을 양해 바란다. 맞춤법이 틀린 것과 비문인 것은 고쳤다.

내가 이재명이란 이름을 처음 알게 된 것은 우연이었다.

2014년, 아마 이재명 시장이 성남시장 재선을 위한 선거에 출마했을 때였다.

일찍 퇴직하고 대구를 떠나 분당에서 사는 친구가 있었다. 집안이 넉넉해서 돈 걱정은 없었지만 정치적 성향은 보수적이었다.

그 친구가 전화로 대뜸 "자네 이재명 아냐?"고 물었다.

"아니, 모르는데."

"이재명은 운동권 출신 아니냐?"

"금시초문인데, 그런데 왜?"

"그 친구 빨갱이 맞제, 빨갱이들은 네가 잘 알잖아."

"씰데없는 소리! 내가 뭔 빨갱이를 잘 아노. 근데 와?"

"분당 정자동에서 주민들이 삼삼오오 모여 이재명 빨갱이를 몰아내자는 운동이 일어나고 있는데, 어찌 그런 빨갱이를 자네가 모르는고?"

그때 나는 이재명을 몰랐다.

정자동은 서울에서 부촌으로 익히 알려진 강남 다음의 부촌으로 꼽힌다. 흔히 말하는 천당 아래 분당지역으로 보수성향이 강한 대구·경북 사람이 많이 산다고 한다. 정자동에서 왜 그러는지 자세히 물어보지는 않았지만 상황은 어렴풋하게나마 짐작할 수 있었다.

04 _ 조선일보 읽기

나는 광주민주화항쟁 이후 조선일보의 주장을 거꾸로 판단하는 버릇이 있다. 조선일보가 정치와 경제적인 이유로 어떤 사람을 꾸준히 비난한다면 나는 그 사람을 옳은 사람으로 판단한다. 대체로 그 판단은 틀린 적이 거의 없었다.

조선일보는 진보적인 인사를 툭하면 빨갱이로 매도하는 매우 못된 습성이 있다. 나는 조선일보가 빨갱이로 모는 사람은 이 사회에서 무언가 의미 있는 사람으로 판단하여 관심을 지니고 본다. 우리의 분단 상황을 깊게 생각하지 않는 사람은 조선일보 논조에 쉽게 휩쓸리게 마련이다.

중국 명나라 말기의 사상가 이탁오李卓吾; 1527~1602는 이렇게 말했다.

나는 어릴 때부터 성인의 가르침이 담긴 책을 읽었지만 성인의 가르침이 무엇인지 몰랐고, 공자를 존중하였지만 공자에게 무슨 존중할 만한 것이 있는지 몰랐다. 속담에 이른바 난쟁이가 키 큰 사람들 틈에 끼어 굿거리를 구경하는 것과 같아서, 나이 오십 전까지는 나는 정말 한 마리 개와 같았다. 앞의 개가 그림자를 보고 짖어대자 나도 따라 짖어댄 것일 뿐, 왜 그렇게 짖어댔는지 까닭을 묻는다면 그저 벙어리처럼 아무 말 없이 웃을 뿐이었다.

식당이나 이발소, 공중목욕탕, 휴게소에서 무의식적으로 조선일보나 TV조선을 보면서 조선일보가 짖으면 까닭도 모르면서 따라서 같이 짖는 사람이 많다.

나는 광주항쟁 이후에 비로소 조선일보의 정체를 알았다. 조선일보는 이재명 같은 정치인을 빨갱이로 모는 못된 습성이 있다. 그리고 돈 많은 수구 세력은 조선일보에 맹목적인 믿음을 보내고 있다.

이재명이 조선일보와 우리나라에서 제일가는 부촌인 정자동 주민들에게 노골적으로 '빨갱이'란 비난을 받는다면 무언가 의미 있는 사람이리라고 생각했다. 그러려니 하면서 성남시장 이재명에 대한 기억은 엷어갔다.

나는 그 당시 베트남 평화기행을 매년 다녔다. 베트남전쟁 때 한국군에게 피해를 입은 베트남 여러 마을을 방문하여 우리나라가 참전한 전쟁의 역사적 진실을 정면으로 바라보자는 취지의 기행이었다.

보통 25~30명 정도 참가하는 데 여러 지역 마을을 돌기 위해 전

세버스로 장거리 이동을 했다. 그러다 보니 버스 이동 중에 물과 식당에서 반주로 맥주를 사 먹는 것은 여행 경비에 포함되지 않아, 여행 시작 전에 각자에게 20달러 정도를 별도로 받았다.

2015년 평화기행에 종교인 한 분을 모시고 참가했다. 버스 여행을 시작할 때 그분이 나에게 500달러를 주셨다. 무슨 뜻의 돈인지 여쭈어보니 이재명 시장이 여행에 용돈으로 쓰라고 주었다고 하시며 그 돈을 우리 모두 같이 쓰자고 했다. 그 돈 덕분에 다른 참가자에게는 따로 경비를 거두지 않았다. 그래서 이재명이란 이름이 내 기억 속에 다시 들어왔다.

05 _ 두;목회와 이재명

2013년부터 대구에서 한 달에 한 번 인문학 강좌를 여는 '두;목회'라는 모임이 있다. 두;목이란 말의 어감이 이상하지만 매달 두 번째 목요일에 여는 인문학 강좌 모임이라는 뜻이다.

2015년 9월쯤에 대구 노무현재단에서 성남시장 이재명을 초청한다는 얘기를 들었다. 성남시장 재선에 성공한 이재명이라는 이름이 언론을 타고 알려지기 시작한 때였다. 당시는 박근혜 정권의 많은 실정에도 불구하고 더불어민주당은 무기력하기 짝이 없었기 때문에 선명한 성향의 이재명 시장이 반사 이익을 얻었을 것이라고 짐작된다.

재단 관계자에게 연락하여 우리 '두;목회'와 공동으로 강좌를 준비하자고 제안하니 그러자고 하는 대답이 왔다. 이 강좌를 열기 전 페이스북에 강좌 안내를 두 번 했다.

첫 번째, 2015년 10월 6일 페이스북 글이다.

興興野野 여여야야

오늘 우리 사회의 혼란은 여가 여답지 않고 야가 야답지 않은 데 있다고 봅니다.

공자께서는 나라 다스리는 법에 대해 이렇게 말씀하셨습니다.

'군군신신부부자자君君臣臣父父子子', 즉 임금은 임금답고, 신하는 신하다우며, 아버지는 아버지답고, 아들은 아들다워야 한다는 말로 각자가 명분에 맞게 행동해야 한다는 정명正名사상을 내세웠습니다.

야당다운 명분에 맞는 정치인, 참으로 귀한 분이 계십니다.

두 번째 목요일 만남의 모임인 두;목회는 이재명 성남시장을 모십니다.

이재명 시장의 일정으로 10월 16일 금요일에 두;목회가 있습니다.

오후 7시 동성아트홀입니다.

두 번째, 2015년 10월 14일 페이스북 글이다.

與不與 野不野 여당은 여당답지 못하고, 야당도 똑같다

보수정권이 여당다운 모습을 보인 적이 한 번도 없었지만,

집권 경험까지 있는 야당이 요즘처럼 무기력한 건 불가사의하다.

하늘이 무너져도 솟아날 구멍이 있다고 했던가?

야당다운 야당野野의 기개를 가진 분이 있으니 성남시장 이재명이다.

이재명 시장의 강연 제목은 〈오직 민주주의, 꼬리를 잡아 몸통을

흔들다〉이었다. 그 날 강좌에서 나는 2가지 강한 인상을 받았다.

첫째는 특이한 강연 제목이었고, 둘째는 강연에 몰려든 인파였다.

200여 석 정도의 동성아트홀은 좌석에 앉은 사람보다 객석 주위 계단이나 객석 뒤에 서거나 앉은 숫자가 더 많았다. 심지어 무대 위에까지 사람들이 꽉 차서 발 디딜 틈이 없었다. 극장 바깥 복도에서 안으로 들어오지 못한 사람들도 많았다. 야당 정치인으로 수구의 도시 대구에서는 상상하기 힘든 인기였다.

1980년 5월 대구 사람 전두환이 저지른 광주만행 이전의 대구는 정치적으로 진보에 가까웠다. 일제강점기 때는 '조선의 모스크바'라고 불릴 정도로 진보적 지식인이 많았다. 유신이 조작한 인혁당 사건에서 사형당한 사람 대부분은 대구 사람이었다. 박정희의 유신정권에 끝까지 저항한 대구 사람들도 무척이나 많았다.

1987년 6월 항쟁으로 얻은 대통령 직선제 개헌 이전의 마지막 대통령 선거는 1971년에 있었다. 그때 야당 후보 김대중의 인기는 굉장했다. 당시 대구 인구는 100만명 정도였는데, 대구 수성천변의 김대중 후보 유세에는 수 십만명의 사람들이 발 디딜 틈도 없이 모였다.

내 기억에 대구에서 야당 정치인으로서 2015년 이재명 시장의 인기는 1971년 김대중 후보 이후 가장 뜨거웠다. 강연이 끝난 뒤, 대구 지역 어른들과 노무현재단 사람들 그리고 두;목회 운영진 몇 사람이 뒤풀이를 가졌다.

사람은 첫 인상이 중요하다고 했던가.

소주 몇 잔 마실 시간으로 이야기를 오래 나누지 못했지만 그 짧은 시간에 이제까지 보지 못한 정치인의 모습을 봤다. 색깔이 아주 뚜렷했다.

그 이후부터 나는 그의 팬이 됐다.

나는 팬과 '빠'를 구분해야 한다고 생각한다. 나는 베트남에 18년 간 28번을 갔다. 그동안 베트남인들이 국부로 숭상하는 호찌민의 거대하고 웅혼한 인격을 만났다. 호찌민의 인격은 인류 역사에서 찾아보기 힘들 정도로 우뚝 솟은 인격이어서, 나는 호찌민 이상의 인격을 만난다면 '빠'가 될지언정 그 누구의 '빠'가 될 생각은 없다.

나는 '두;목회' 강좌가 끝나면 다음 날 강좌 내용을 페이스북에 올린다. 이재명 시장의 강좌 오직 민주주의, 꼬리를 잡아 몸통을 흔든다는 인산인해여서 자리 잡고 조용히 듣지 못해 강의 내용을 페이스북에 올릴 수 없었다. 매우 아쉬웠다.

대신 같은 제목의 책에서 이재명 시장의 생각을 인용하겠다.

저는 즐겨 쓰는 표현으로 '꼬리를 잡고 몸통을 흔든다' 그러는데요. 제가 관심을 갖고 정말 열심히 해보고 싶은 일들은, 또 꼭 일하고 싶은 곳은 바닥, 기초, 지역 그리고 화려하지 않은 일상인 삶의 현장, 어렵고 힘든 곳의 문제, 남들이 선뜻 나서지 않는 일 같은 겁니다. 즉 머리가 아닌 꼬리를 잡자는 겁니다. 꼬리를 잡고서, 몸통이라고 할 우리 사회 전체, 민주주의, 정치, 시민들의 삶, 세상의 인식 같은 것들을 바꾸고 나아지게 해보자는 겁니다.

여론에 두각을 나타내기 시작했지만 아직은 정치 신인인 이재명은 놀랄만한 자기정체성을 표현했다. 정치 신인답지 않은 내공을 지닌 것 같았다.

06 _ 세월호 사건과 선거

해는 바뀌어 2016년이 되었다. 세월호 참사 문제는 점점 미궁으로 빠져들고 최순실게이트는 물 위로 드러나기 직전이었다. 하지만 더불어민주당은 여전히 무기력했다. 오죽하면 1월에 김종인이라는 늙은 보수 정치인을 비상대책위원회 대표로 앉혀 4월 13일 총선을 맞아야 했다. 김종인 덕분인지는 몰라도 더불어민주당은 123석, 새누리당^현 국민의힘은 122석으로 겨우 1석 차이로 다수당이 되었다. 대구에서는 1985년 선거 이후 처음으로 야당의 김부겸 후보가 더불어민주당 의원으로 당선되었다.

다음은 2016년 4월 17일 페이스북 글이다.

이번 총선에서 오만한 세력에게 국민의 심판은 준엄했다.
심판받은 세력의 오만함은 어디에서 비롯했는가?
진실을 왜곡하고 책임을 회피함에서 비롯했다.

'4·16 참극의 진실'에 대하여 우리 사회는 3부류 집단이 있다.

1. 진실을 지우려는 '망각 세력'

2. 진실을 밝히려는 '기억 세력'

3. 진실을 정치적으로 저울질하는 '눈치 세력'

'더불어민주당'

당신들은 비록 고리타분한 세력이지만,

천박한 '새누리당'을 응징하려 당신들을 응원했다.

'4·16'을 결코 잊어서는 안 된다.

당신들은 '4·16'을 정치 공방으로 눈치나 보고 있구나!

총선 결과 환호성이 가시기도 전에 당신들에 대한 지지를 철회

해야 하는가?

나는 1980년 이후 사건으로는 5·18 광주민주화항쟁 다음으로 큰

비극을 '4·16 세월호 참사'라고 생각한다. 그러나 더불어민주당은

이 참사 대처에 우물쭈물했다.

다음은 2016년 4월 18일 페이스북 글이다.

선거 뒷담화가 무성하네.

많은 지식이 있지만 인물이나 사건의 판단과 해석에 있어 독창

적 이해력 없이 이야기하는 사람이 흔하다.

많이 알고 기억을 잘하는 사람을 박람강기博覽强記하다고 한다.

세상 소식에 밝다든가, 사실을 수집한다든가 하는 일은 쉽다.

복잡한 시사 사건을 쉽게 머릿속에 넣을 수는 있다.

하지만 그 속에서 중요한 사항을 선택하고 판단하는 일은 여간

어렵지 않다.

아는 만큼 제멋대로 이야기하는 지식은 쓸모가 없다.

지난 과오를 직시하고 앞으로 되풀이하지 않도록 통찰하는 힘
이 지성이다.

지성의 미덕은 잘 듣고, 많이 생각하고, 정확하게 말한다.

나도 제발, 꼭, 좀 미덕을 쌓아야겠다.

박근혜 정부의 과오에 미적거리며 정치 색깔이 분명하지 않은 더
불어민주당에 허전함이 있었다.

07 _ 최순실게이트

2016년 봄 이화여대 학생들은 학내 문제로 시위에 들어갔다. 학내 문제 제기에 학교 측은 학생들에게 항복했다. 탄력을 받은 이대생들은 최순실의 딸 정유라의 특혜입학 문제를 계속 파헤쳤다. 이대생들의 문제 제기는 정국의 핵폭탄이었던 최순실게이트를 터뜨린 테블릿 PC사건의 도화선이 되었다.

최순실의 상대남이었던 고영태는 최순실에게 버림받자 복수를 하고자 했다. 그러나 어마어마한 건을 함부로 폭로하기 두려워하던 차에 이대생들이 정유라의 특혜입학을 계속 이슈화하자 고영태는 용기를 얻어 최순실게이트 전모가 담긴 태블릿 PC를 JTBC에 넘겼다.

JTBC의 10월 24일 태블릿 PC 폭로는 정국에 핵폭탄을 터트린 셈이었다.

그때까지 더불어민주당은 박근혜와 그 어떤 긴장 관계도 형성하지 못하고 있었다.

다음은 2016년 9월 8일 페이스북 글이다.

정치인의 마음속에는 악마가 있어야 한다.

1988년 5공 청문회에서 '전두환 살인마'를 외치며 명패를 집어던진, 이름 모르는 초선의원의 모습에서 나는 전혀 새로운 악마를 보며 전율했다.

1990년 김영삼이 3당 야합할 때 이 악마는 정치 은인인 김영삼에게 분노의 몸짓으로 대들었다.

이 악마, 노무현은 마침내 서민의 힘으로 대통령에 오른 우리 역사 최초의 인물이 되었다.

그러나 이 선한 악마는 정말 아쉽게도 마지막에 웃을 수 없었다.

우리 시대의 모든 거짓과 위선이 담긴 세월호라는 판도라 상자를 열어젖힐 악착같은 악마가 절실하다.

나는 이 인물에게서 시대정신을 지닌 악마를 보고 싶다.

이 선한 악마와 우리는 마침내, 반드시 웃어야 한다.

나는 선한 우리와 함께 웃을 악마를 찾고 있다.

선한 악마님, 어디 계시오?

핵폭탄과 다름없는 최순실게이트가 터지자 새누리당은 와해 직전이 되었다. 시민사회에서는 박근혜의 구속을 외쳤지만 야당인 더불어민주당은 하야란 말조차도 입 밖에 꺼내지 못했다.

다음은 2016년 11월 17일 페이스북 글이다.

이재명의 매력은 무얼까?

성남시장 이재명은 이른바 '대권 주자' 가운데 정치 경력이 가장 짧다.

그런데 박근혜게이트 이후 지지율 상승이 아주 가파르다.

어제 경북대에서 주진우 기자와 〈시사인 인터뷰 쇼〉를 진행했다.

그는 넓은 강의실을 꽉 메운 청년 청중에게 2시간 넘는 대담에서 거침없이 소신을 밝혔다.

이재명의 핵심적 매력은 정치 사안을 '계산하지 않고 원칙을 판단'하는 '명쾌함'이었다.

지금의 더불어민주당 지도부와 유력 대선 주자들은 박근혜게이트에 대해 어떠한 결단도 내리지 못하고 촛불 민심의 눈치만 쳐다보며 우물쭈물 정치적 계산만 하고 있다. 하는 말이 신중하지 않으면 역풍을 맞을 우려 때문이라나?

대통령 중심체제에서 대통령의 권력은 왕조시대 왕의 권력보다 근원적으로 더 막강하다. 그 권한은 세습에 따른 권력이 아니라 국민에게 직접 위임받은 권력이기 때문이다. 그런 권력을 보다시피 박근혜게이트식으로 왕조시대보다 더 천박하게 휘둘렀다면 반란죄보다 더한 대역죄에 해당한다.

이런 대역죄를 저지른 대통령에게 스스로 물러나는 왕조시대의 퇴위에 해당하는 하야를 요구할 게 아니라 민의 힘으로 퇴진시켜야 하고, 끝내 버티면 탄핵으로 끌어내려야 한다. 그리고 그 즉시 드러난 증거로 구속시키는 정치 원칙을 촛불 민심은 단호히 요구하고 있다.

어제 토크쇼에서 이재명은 촛불 민심이 요구하는 '원칙과 판단'을 유감없이 보여주었다.

돼먹지 않은 시대에는 신중함보다 명쾌함이 더 절실하다. 지금이 바로 그러한 때라고 나는 믿는다.

나는 결정적일 때 우유부단함은 죄라고 생각한다. 우물쭈물하는 더불어민주당에서 그나마 박근혜 탄핵을 외치는 이재명이 있어 천만다행이라고 생각했다.

08 _ SNS 광장과 확증편향

1960년대 서울에는 '다방'이 우후죽순 생겨났고 사람들은 무엇보다도 정치에 관해 쑥덕공론하기 위해 다방에 모여들었다. 사람들은 정치의 모든 것을 알고 있는 듯이 말을 나누었다.

당시 한국을 찾은 〈한국현대사〉의 저자 브루스 커밍스 교수의 관찰이다.

서울에 관한 내 최초의 기억들 가운데 몇몇은 사귄 지 얼마 되지 않은 사람들과 다방에서 나눈 대화였는데, 그들은 서슴없이 모든 정치인을 맹렬히 비난하고 온갖 소문을 주고받으며 고위 권력자들에 관한 잡담을 끝없이 늘어놓았다.

마을이나 도시에서 많은 사람이 자유롭게 모이는 개방된 장소를 '광장'이라고 한다. 역사는 그리스의 아고라Agora를 광장의 기원으로 꼽는다.

아고라는 시장을 뜻했지만, 사람이 많이 모이다 보니 정치, 경제, 사회, 문화 등 다양한 이야기를 나누는 토론의 중심지 역할을 했다. 심지어 인민시민재판을 열기도 했다. 이 아고라는 로마 시대 공동공간인 포럼Forum을 거쳐 유럽의 중요한 문화유산인 광장으로 발전했다.

우리 사회는 광장이 발달하지 않았다. 유림은 서원에서, 아낙네들은 빨래터에서, 서민들은 장터 주막에서 세상 돌아가는 이야기를 나누었으니 그곳들이 광장의 역할을 했다고 볼 수 있다.

20세기의 광장이 다방이었다면 21세기인 지금의 광장은 스마트폰이다. 손바닥 크기의 조그만 몸체에 세상의 온갖 정보를 담고 있어 매우 편리한 스마트폰은 어린이부터 노인까지 모든 이의 필수품이 된 지 오래다.

스마트폰에 있는 유튜브, 카톡, 밴드, 페이스북, 블로그, 트위트, 인스타그램, 텔레그램 등의 수많은 대화방이 광장의 역할을 하고 있다. 이 대화방은 우리 사회뿐만 아니라 동서양을 불문하고 전 세계의 광장이 되었다.

제임스 호건의 책 〈광장의 오염〉의 원문 제목은 '나는 옳고 너는 틀렸다I'm right and You're an Idiot'이다.

캐나다 밴쿠버에서 홍보전략 기업의 대표로 일하는 제임스 호건 James Hoggan은 오늘날 공적 담론이 오히려 변화를 가로막는 거대한 장애물 같다고 생각했다. 그래서 이렇게 말했다.

"우리는 마치 자연환경을 오염시키듯이 광장을 오염시킬 수 있다."

요즘 스마트폰의 대화방광장을 보면 오염을 실감할 수 있다.

대화방에 참가한 사람들은 세상 물정에 대해 모든 것을 알고 있는 듯, 쑥덕공론하고 있다.

거짓이 소용돌이치고, 편파주의가 판을 치고, 험담이 난무하는 게 스마트폰의 현실, 특히 정치 대화방의 모습이다. 물론 유익한 기능도 많지만, '악화가 양화를 구축한다'는 옛말대로 스마트폰에서는 자극적이고 유해한 말이 더욱 관심을 끌며 판을 친다. 심지어는 조회 수에 따른 돈을 노리고 사실을 왜곡한 의도적인 프로그램을 내보내는 경우도 부지기수이다.

상대방을 거칠게 몰아붙이는 어투는 기본이고, 사건의 진실, 본질에는 관심이 없고 지엽적인 일로 말꼬리를 잡아 침소봉대하여 자신의 목적에 유리하게 조작한 악의적인 거짓 정보를 일방적으로 내보내는 스마트폰에서 우리는 당면한 문제들을 진정으로 소통하고 공감하며 해결할 수 있을까?

특히 대선을 앞둔 정치의 계절의 스마트폰에서는 '나는 맞고, 너는 틀렸다.'라는 독선적인 사고로 갈등이 심화하고 있다.

다른 편의 사람들을 '험담, 책망, 모욕'하고 내 편이 아닌 사람은 적대적으로 또는 악인으로 취급해 버린다. 그리고 내 편에게는 맹목적인 지지를 보낸다.

'나는 만물의 척도'이기 때문에 나는 늘 이순신이요, 너는 늘 원균이다.

'나는 만물의 척도'이기 때문에 내가 하면 로맨스요, 네가 하면 불륜인 '내로남불'이다.

'나는 만물의 척도'이기 때문에 내가 수사하면 적법이요, 내가 수사 당하면 불법이다.

누구나 가족 사이에 갈등을 겪기 마련이다. 대가족 중심의 유교적 가족관이 허물어지고 핵가족이 되면서 가족 사이에는 돈으로 인한 다툼이 특히 심각하다.

세조가 왕위 찬탈을 위해 동생과 조카까지 죽인 것처럼 과거에는 권력 다툼이었다면 요즘은 돈을 얻기 위해서 형제간, 심지어는 부모·자식 사이에도 목숨까지 담보한 극한 갈등이 일어나고 있다. 평생을 사용하고도 넘치는 재산이 있으면서도 또 더 많이 갖기 위해서 골육상잔하는 재벌은 물론이고 일반인들도 재산을 둘러싼 부모와 형제의 갈등이 사생결단으로 가는 경우가 많다.

밝히기 부끄럽지만, 나도 돈 문제로 집안을 갈가리 찢은 형의 황당한 행위로 큰 고통을 당한 적이 있다. 30대 시절, 술에 만취하여 그 자리의 친구들에게 심정을 횡설수설 토로한 적이 있었다. 그런 분위기가 이어가자 친구들 역시 가슴 한 구석에 꾹 묻어두고 있던 가족사를 토로하였다. 고통스러운 가족의 갈등은 모두가 안고 있었다.

30년이 지나 60대 중반에 이른 지금은 주로 자식의 돈 문제로 고통당하는 이야기를 흔하게 듣게 된다. 자식들은 무능력한 부모 때문에 자신들이 가난하다며 책임을 돌리고, 심지어는 자신들의 무능력도 부모의 못난 유전자 탓이라며 원망을 쏟아놓는다.

나는 이재명 후보에게 관심을 두기 시작한 2015년, 가족 사이에 오간 녹취를 들었다. 그리고 어떤 경로를 통해 녹취사건의 자초지종을 들었다. 처음 녹취만 들었을 때는 '어찌 이런 황당함이?'란 분노가 생겼다. 그러나 이재명 후보의 가족 관계의 전후 사정을 알고서는 오히려 가슴이 쓰라렸다. 내가 형에게 당한 고통이 또다시 떠오르며, 동병상련을 느꼈다.

30여 년 전 스마트폰이 있어서 내가 형에게 퍼부은 말이 고스란히 녹취를 당하여 사건 전말을 거두절미하고 특정 부분만 공개 당했다면 나는 이 사회에서 몹시도 몹쓸 패륜아란 프레임에 걸려들었을 것이다. 생각만 해도 끔찍하다.

이재명의 고통스런 가족 문제가 정치인 이재명의 발걸음에 부담을 주고 있다. 정치적 반대자들은 이 문제를 '험담 · 책망 · 모욕'하며 이재명에게 '쌍욕' 프레임을 씌운다.

이재명의 녹취록은 아픈 가족사의 표피적인 이야기다. 형은 부정부패 성격의 청탁을 성남시장인 동생에게 수시로 했지만 매번 거절당하고 말았다. 그러자 형은 동생에게 압력을 가한답시고 이재명 후보가 가장 소중히 생각하는 어머니에게 패륜을 저질렀다.

이재명의 거친 말은 시장으로서 공적인 청렴을 지키려다가 일어난 사적인 불상사다. 더구나 가족간의 일을 녹취하고 외부로 유출하여 동생을 협박한 행위 자체가 이미 우리의 상식을 뛰어넘는 일이다. 어머니를 볼모로 동생에게 불법 행위를 강요하여 자신의 이권을 챙기려고 한 형에게 당한 고통을 조금이라도 배려한다면 이재명 후보의 그 거친 말은 그러려니 이해할 수 있다고 생각한다.

가족 관계가 티 없이 맑은 사람이 이 녹취록을 듣는다면 더 심한 불쾌감을 느꼈을 것이다. 그러나 그러한 집안이 과연 얼마나 있을까. 오히려 가족 관계가 복잡다단하게 얽힌 사람일수록 녹취록 문제에 더 예민하게 반응하는 경우를 많이 보았다. 사람들은 이유여하를 떠나서 가족간 문제의 피해자는 자신이라고 일방적으로 주장하며 친인척을 비난하고 책임도 떠넘긴다.

그리고 비슷한 유형의 얘기가 나오면 자기 입맛대로 해석하여 거품을 물고 악다구니를 품어대며 저주의 목소리를 높인다. '종로에서 뺨 맞고 한강에서 눈 흘긴다'는 속담처럼 과거 자신의 가족에게 풀지 못한 분노를 화풀이하듯이, 관계도 없는 남의 가정사에 끼어들어 엉뚱한 곳에 증오와 저주를 퍼부어 대는 것이다.

'죄없는 자, 저 여자를 돌로 치라'는 예수의 말씀이 떠오른다.

수구 세력들은 박정희의 수신과 제가에 대해서는 애써 외면하면서, 절박했던 가족사와 관련된 이재명의 수신과 제가에 대해서는 쌍심지를 켠다. 박정희의 여성 편력으로 인한 부부 갈등과 자식들이 저지른 불미스럽고 천박한 가족사는 애써 못본 척 외면한다.

우리나라 역대 대통령 중에서 도덕적인 면이나 가족사가 입에 오르내리지 않은 사람이 얼마나 될까. 수구들은 '내로남불'이라는 인지 부조화의 프레임으로 이재명 후보를 묶으려고 한다. 역지사지의 마음으로 자신의 가족사와 가까운 이웃의 일을 돌아보면 좋겠다.

이재명 후보를 반대하는 사람들은 정치인 이재명의 정치 철학과 정책의 이유, 의미, 목표, 비전을 묻지 않는다. 무조건적으로 반대하며 그 의미를 폄하하고 왜곡한다. 특히 정치인들은 자신의 정치 철학과 행위의 이유, 의미, 목표, 비전을 제시해야 하는데 자신은 그런 걸

지니지 못했기 때문에 쌍욕이란 프레임을 활용하여 상대방을 비방하고 모함한다.

그리고 성찰 없이 조건반사적으로 행동하는 대중은 '확증편향'의 어리석은 그 프레임으로 이재명 후보를 바라보게 된다.

그래서 나는 이재명 후보가 몇 차례나 사과했음에도 이 녹취록을 문제 삼는 인간들에게 위선을 느낀다.

'자신은 늘 이순신, 반대자는 늘 원균'이라는 위선 말이다.

성숙한 사회를 원한다면 경쟁 상대라도 좋은 점은 인정하고 칭찬할 수 있는 배려심이 필수이다. 성숙한 사회는 분노와 증오만이 가득한 편협된 일방적인 태도로는 이룰 수 없다. 세상을 두루두루 폭 넓게 보며 고민하는 성숙한 인간만이 아름다운 사회를 꿈꾸고 가꿀 수 있다.

09 _ 프레임의 정치

"인간은 만물의 척도다."

우리가 흔히 궤변론자소피스트라 일컫는 2천5백 년 전 그리스의 프로타고라스Protagoras 말이다. 소피스트들은 인간의 생각은 사람마다 다르다고 생각했다. 서로 다른 눈으로 보기 때문에 사건의 실체에 대한 파악은 불가능하고, 사람마다 사건을 지각하는 다른 방식과 기준이 있으므로 누가 옳은지 판단할 객관적이고 절대적인 기준이 없다고 주장했다.

소피스트는 보편적이고 객관적인 진리는 없다고 여기며 교묘한 변명과 꾸밈말로 상대방을 이길 수 있다고 젊은이들에게 가르쳤다. 소크라테스도 소피스트들이 건네준 독배를 들이켰다.

지금 인류는 2천5백 년 전에는 상상조차 할 수 없었던 정밀한 과학기기인 스마트폰으로 공간을 초월한 광장의 시대를 맞이했지만,

스마트폰 광장에 돌아다니는 정치 관련 정보와 내용은 대부분 프로타고라스 시대의 궤변 수준에서 벗어나지 못하고 있다.

인간은 교육받고 성장하면서 프레임생각의 틀을 갖는다. 언어학자 조지 레이코프George Lacoff는 프레임을 '특정한 언어와 연결하여 연상하는 사고의 체계'라고 정의했다.

프레임은 우리가 사용하는 모든 언어에 연결되어, 우리가 듣고 말하고 생각할 때 우리 머릿속에는 늘 프레임이 작동한다고 한다. 어떤 사건을 만났을 때 어떤 프레임을 갖고 있느냐에 따라서 해석이 바뀌기 때문이다.

우리 정치에서는 상대방을 공격하는 도구로 프레임을 유용하게 사용한다.

우리 사회에서 가장 효과가 좋은 프레임은 '빨갱이' 프레임이다. 보수적 사고에 적은 사람들은 진보적인 생각을 조금이라도 드러내면 빨갱이란 프레임을 씌운다. 세상의 변화는 생각하지 않는 외눈박이 '빨갱이' 프레임이 우리 사회의 건전한 발전을 가로막는 핵심이다.

김대중과 노무현 전 대통령이 대통령 선거에 후보로 출마하였을 때, 보수쪽 사람들과 조선일보로 대표되는 수구 언론들은, "사상이 불온한 '빨갱이'가 당선되면 우리나라는 공산국가가 되어 망할 것"이라며 '빨갱이' 프레임으로 두 사람을 거칠게 공격하였다.

'조중동'은 두 대통령의 취임 이후에도 사회복지와 남북관계 등 여러 정책에 대하여 공산화 정책이라고 사사건건 트집을 잡으며 '빨갱이' 프레임으로 선동하여 사회를 어지럽게 하고 국가 백년대계를 왜곡시켰다.

시간이 지난 현재, 두 사람에 대한 역사적 평가는 어떤가?

과연 두 사람이 '빨갱이'였고 이 나라는 공산주의 국가가 되었는가? 보수들의 주장대로 우리나라가 망하였는가? 김대중과 노무현 대통령의 업적이 높은 평가를 받는 사실을 보수들은 어떻게 생각할까?

참으로 안타까운 일은 황당무계한 '빨갱이' 프레임이 지금도 여전히 보수쪽에는 위력을 발휘하며 진실이 왜곡되고 있다는 사실이다. 이러한 사태의 가장 큰 책임은 언론 본연의 책임을 팽개치고 왜곡을 앞장서서 조장하여 선동을 일삼는 조선일보로 대표되는 '조중동' 수구언론에게 있다. '조중동'은 하루빨리 당파성을 벗어나 시시비비를 가리는 정론직필의 언론으로 돌아가기 바란다.

조지 레이코프의 유명한 책 〈코끼리는 생각하지 마〉는 언론과 정치에서 프레임 작동을 잘 설명하고 있다.

'코끼리를 떠올리지 마'라고 말하는 순간, 이미 머릿속에는 '코끼리'라는 프레임이 작동해서 저절로 떠올리게 된다는 얘기이다.

우리 정치권에서 프레임 씌우기는 선동에 유효한 도구로 활용되며 대중을 맹목적으로 이끌어 여러 패악을 저지르고 있다.

프레임으로 형성된 고정관념은 쉽게 변하지 않는다. 오랜 세월 이어온 도덕적인 명제이기 때문일까, 사람들은 '수신제가치국평천하'라는 프레임에 쉽게 고개를 끄떡이고는 한다. 그러나 이 개념은 인간이 평생 염두에 두고 추구하여야 할 명제이지 살면서 단계적으로 이루어야 하거나 이루어지는 순서적 개념이 아니다. 이 명제는 순서가 앞서거니 뒤서거니 하는 동시진행형 개념이다.

우리가 어떤 것을 말할 때 그것이 무엇이고, 어디에서 기인했으며, 어떻게 동작할 것이며, 그것이 옳은 것인지, 그른 것인지 등 대상에게 다양한 생각을 하게 한다.

사람들은 그것이 참일 수도 있지만, 거짓일 수도 있고 명제가 성립하지 않을 수도 있지만, 그것과 관계없이 프레임을 씌우면 그 해석을 사실인 것으로 믿고 살아간다.

즉, 프레임은 개인의 인식이자 세상을 이해하는 방식일 뿐이므로 객관적 사실과는 무관하다.

나쁜 프레임은 우리의 집단지성을 마비시켜, 우리를 괴롭히는 많은 문제를 해결하지 못하게 한다. 이런 독버섯 같은 프레임이 가장 잘 자라는 곳이 우리가 매일 편리하게 매만지는 스마트폰이다.

스마트폰의 오염에서 벗어나기 위해 조지 레이코프의 당부를 들어보자.

자신이 어떤 가치를 지니고 있는지 분명하게 파악하라.

정책의 언어가 아니라 가치의 언어를 사용하라!

사람들은 반드시 자기 이익에 따라 투표하지는 않기 때문이다.

그들은 자신의 정체성과 가치관에 투표한다.

10 _ 억강부약 抑强扶弱

2016년 12월 31일, 나는 32년간 범어네거리에서 운영하던 치과를 그만 두었다. 백수가 되니 느긋했다. 2017년 1월 16일 월요일, 서울서 이재명 초청 토론회가 있다고 해서 올라갔다.

다음은 2017년 1월 17일 페이스북 글이다.

어제 1월 16일, 백범기념관에서 열린

'이재명 시장 초청 정책 토론회'에서

이재명 시장의 구호는 억강부약抑强扶弱이었다.

이재명 시장은

'내가 생각하는 공정국가는 ( ), ( )이다'란 표어에서

'내가 생각하는 공정국가는 강자의 횡포를 규제하고

약자를 부양하는 것이다.'고 했다.

그런 의미에서 이재명 시장은 정책의 으뜸 과제로 '검찰개혁'

을 꼽았다.

이재명은 누구보다도 인식이 명확하다.

나는 그때까지 '억강부약'이란 사자성어를 알지 못했다. 백범기념
관 강연장 입구의 '억강부약'이란 현수막과 배너를 보는 순간 가슴이
뻥 뚫리는 통쾌함을 느꼈다. 이래서 이재명의 언행을 보고 사이다라
고 한다는 생각이 들었다.

억강부약! 이때부터 억강부약은 나의 정치목표로 자리 잡았다.

2017년 2월이 되자 겨울의 강추위에도 촛불시민의 힘은 더욱 우
렁찼고 탄핵은 기정사실화되어가고 있었다. 탄핵 뒤에 대선을 바로
치러야 했다. 더불어민주당의 대선 후보군이 드러나기 시작했다.

다음은 2017년 2월 1일 페이스북 글이다.

세월을 걷다 보니 어느덧 환갑이라는 시간의 금을 넘었다.

그동안 정치가 삶에 끼치는 영향에 관심은 많았지만, 세계사에
서도 유례가 희귀한 칠푼이 정치를 경험하다 보니 늦은 나이에
관념이 아닌 참여에 관심이 끌리게 되었다.

나는 지금까지 대선에서 후보 선택의 자유가 없었다. 6·10항쟁
으로 얻은 1987년 대통령 직접선거 이후 내가 선택할 수 있는
후보는 김대중, 노무현, 정동영, 문재인이었다. 선택에서 의미
있는 갈등을 느낀 유일한 후보는 민노당의 권영길이었다.

이번 선거에서 이명박근혜가 대표하는 천박한 세력의 집권을
반드시 끝내야 하는 역사의 절박함이 어느 선거 때보다 강하게
밀려오고 있다.

나는 후보 선택의 몇 가지 기준을 나름대로 마련했다. 그 기준의 하나로 구체제앙시앙레짐를 응징할 수 있는 자세와 능력으로 잡았다. 정치에서 보복과 응징은 분명 다르다. 감정적 보복은 피해야 하지만 역사의 죄인에 대한 응징은 반드시 필요하다. 역사의 죄인이란 다름 아닌 친일부역 세력과 재벌과 독재에 기생한 반통일 세력을 말한다.

응징의 가장 좋은 방법의 하나는 '악은 악에 물들지 않은 세대가 청산해야 한다'는 것이다. 그러기 위해서는 미래 세대인 청년의 삶을 제대로 보장해줘야 한다.
이재명은 역사의 미래를 짊어질 청년의 삶을 보장할 구체적인 정책을 지니고 있다고 한다.

지금부터 4년 전에는 청년세대의 좌절이 지금만큼 광범위하고 깊지 않았다. 정치인의 우선 의무는 발등에 떨어진 불을 끄는 것이다. 그다음은 미래 세대인 청년의 삶에 희망을 불어넣어 주어야 한다. 이재명은 청년의 문제에 그때부터 관심을 둔 선견지명이 있었다.

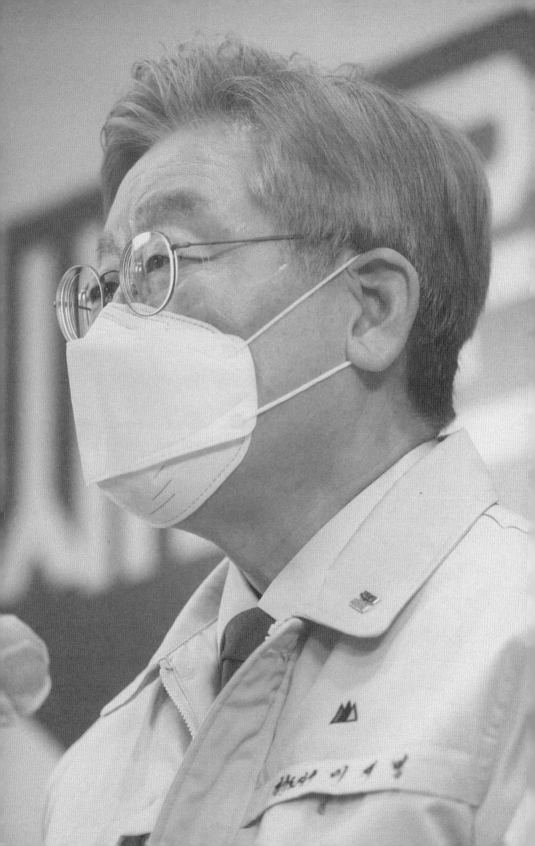

제2장
정치인과 역사인식

01 _ 정치인의 역사 인식 : 일본과 독일

사람의 사고나 인식은 역사를 보는 눈에서 만들어진다. 어떤 사람의 됨됨이를 살펴보려면 그 사람의 역사관을 보면 알 수 있다.

정치인도 마찬가지다. 과거 역사를 인식하는 수준을 보면 그 정치인의 철학과 미래를 엿볼 수 있다. 정치인 개개인뿐만 아니라 정치 집단 곧 국가도 마찬가지다.

일본은 모든 침략을 미화하고 학살은 전쟁의 속성이라는 궤변으로 윤리적 불감증을 만천하에 과시하고 있다. 일본인 개개인은 예의 바르고 정직하고 성실하다고 볼 수도 있다. 또 예술을 사랑하며 유순하다. 그러나 이러한 미덕은 저희끼리만 지킨다. 탁월한 노력으로 경이적인 근대화를 이룩하면서 쌓은 물질적 부에 어울리지 않는 저급한 일본의 국가 윤리 수준에 그저 혀를 내두를 뿐이다.

독일은 제2차 세계대전 당시 나치가 저지른 범죄를 철저하게 반성하고 피해자들에게 배상했다. 정치인들이 파시스트 전범의 위패를 안치한 야스쿠니 신사를 끊임없이 참배하는 일본과 달리 독일은 나치를 옹호하는 발언조차 범죄 행위로 처벌한다.

1970년 폴란드 바르샤바 방문 때, 제2차 세계대전의 희생자들에게 무릎을 꿇고 눈물을 흘리며 사과한 빌리 브란트 서독 수상의 언행은 너무나도 유명하다.

1985년 5월 8일 나치 항복 50주년 기념사에서 바이츠제커Richard von Weizsäcker; 1920~2015 독일 대통령은 역사 윤리의 진정한 의미를 웅변으로 표현했다. 그 연설의 내용은 나에게 역사 인식에 관한한 최고 수준이었다.

우리는 모두 책임이 있건 없건, 나이가 많건 적건, 우리의 죄를 받아들여야 합니다.
…이제 새로운 세대가 정치적 책임을 질 수 있을 정도로 성장했습니다. 우리 젊은이들이 40년 전에 일어난 일에 책임이 있는 건 아닙니다. 그러나 그로 인해 일어날 일들에 대해서는 그들에게도 책임이 있습니다.
… 우리는 기억을 생생히 간직하는 것이 왜 그렇게 중요한가를 젊은이들이 이해할 수 있도록 도와야 합니다.

정치인 바이츠제커는 독일의 젊은이들에게 어버이 세대의 잘못을 꼭 기억하도록 요구했다. 과거에 대해 애써 눈을 감는다면 미래의 밝은 빛을 볼 수 있을까? 기성세대 특히 과거사를 인식하는 영향력 있는 정치인의 태도에 따라 젊은이들의 역사 윤리는 건강과 파멸의 경계선에서 그 방향을 달리하지 않을까?

2005년부터 2021년 9월 26일까지 16년간 총리직을 수행한 메르켈Angela Merkel;1954~수상은 통일 후 독일에서 가장 존경받는 정치지도자의 한사람이다. 여성이며, 동독 출신의 물리학자다.

메르켈 수상은 2015년 아우슈비츠가 있었던 폴란드 의회를 방문하여 사죄의 연설을 했다.

폴란드 국민이 그만하라고 할 때까지 저희는 사죄를 하겠습니다.

그리고 그 해에만 폴란드에 약 1조원의 사죄 배상금을 지불했다.

그즈음 일본은 박근혜에게 일본 프로야구 선수 1명의 연봉에 불과한 100억원을 주고, 위안부 문제를 '불가역적'으로 덮도록 요구했다.

02 _ 현재와 뗄 수 없는 과거 역사

1968년부터 6년에 걸쳐 중·고등학교를 다니면서 내가 가장 흥미를 느낀 과목은 역사였다. 나는 고등학교에서 세계사까지 필수과목으로 배우고 1975년 대학에 입학했다. 대학의 첫 봄은 고교 시절에는 느끼지 못한 해방감으로 따뜻하고 즐거웠다. 이후에 그런 봄을 대학에서 다시는 맞이하지 못했다.

당시는 남베트남이 패망하기 직전이어서 박정희는 초조했다. 남베트남처럼 독재를 하던 박정희는 동병상련을 느꼈을 것이다. 4월 30일, 남베트남은 기어코 패망하고 베트남이 민족통일을 성취하니 박정희의 불안은 극에 달했다.

1975년 5월 13일, 박정희는 유신 시대 악법 가운데 가장 악랄한 긴급조치 9호를 발동했다. 용수철은 누를수록 튀어 오르는 힘이 더욱 강해지듯, 악법에 자유가 억눌린 젊은이들은 온몸으로 반발했다. 젊은이들은 긴급조치 같은 자유와 민주주의를 파괴하는 폭력에 결코 무릎 꿇을 수 없었다. 박정희는 긴급조치로 유신의 종말을 향해 자신의 발걸음을 더욱 재촉한 셈이 됐다.

대학의 낭만적인 분위기도 종말을 맞았다. 대학은 그 후 휴교를 밥 먹듯이 했고 세상은 혼란스러웠지만 어쨌든 나는 대학 생활에서 시간을 많이 얻었다. 좋은 선배와 친구를 만날 기회가 많았고, 책을 가까이 둘 수 있었다.

그때 내 의식의 질적 변화를 가져온 이영희 선생의 〈전환시대의 논리〉를 만난 것은 하늘이 준 복이었다. 이 책은 아직까지도 내 인생의 경전經典이다. 이 경전이 내 의식을 완전히 바꾸어 놓았다. 천동설을 버리고 지동설을 믿듯이.

나는 이때부터 역사를 내 경전이 가르쳐 준 방식으로 해석했다. 경전이 역사에서 찾으라고 한 요구는 '진실'이었다. 이후부터 나는 역사를 '태종태세문단세'로 암기하는 고교식 버릇을 버렸다.

대학을 졸업한 뒤에 크로체Benedetto Croce;1866-1952란 이탈리아 역사가를 책에서 만났다. 휴머니스트, 철학자, 문예비평가, 그리고 정치가로 활동한 인물이다. 제2차 세계대전 당시에는 반파시즘운동으로 이탈리아의 저항정신을 상징했다. 크로체는 역사가로서 이런 말을 남겼다.

모든 역사는 현대사이다.All history is contemporary

과거의 사실은 나와 무관한 것 같지만, 인간은 '현재의 나'라는 조건에서 그 과거를 해석하고 판단하게 마련이다. 다시 말해 과거의 사실은 '지금 내 삶'의 관점에서만 의미를 갖기 때문이다.

지금도 80~100여 년 전 일제강점기의 친일을 거론하면 발끈하는 사람이 많다. 왜냐하면 발끈하는 사람의 아버지 또는 할아버지의 친일행위와 관련된 문제이기 때문이다.

오늘의 우리가 청산해야 할, 반칙과 특혜와 특권으로 쌓인 적폐는 친일 세력의 아들딸들이 휘두르는 기득권이 대부분이다.

얼마 전 국민의힘 소속 국회의원은 일본 정부가 문재인 정권의 교체를 원하니 정권교체를 해야 한다고 했다. 일본 정부의 요구를 들어주어야 한다는 이런 망언이 버젓이 통용되는 게 우리 현실이다. 친일의 역사는 크로체의 말을 빌리면 바로 지금의 역사라는 것을 여지없이 보여주고 있는 명확한 예다.

왜 이재명인가?
 - 기본소득과
   억강부약

03 _ 남한을 점령한 미군

반드시 기억하라. 하나의 선은 다른 선과 관계에서만 존재할
뿐 결코 혼자서는 존재할 수 없다.

색채혁명으로 20세기 현대 미술의 시초를 연 야수파 창시자 앙리
마티스의 명언이다.

이 명언을 역사에 적용하면 이렇다. 한 시대의 역사는 한 시대에
서만 이룬 것이 아니다. 그 전의 시대와 관계에서 이어졌다는 성찰
이다. 과거의 사실은 지금의 내 삶과 따로 떨어져 있지 않다는 인식
이다.

나는 지금의 역사와 선이 바로 맞닿아 있는, 지금의 역사와 다름
없는 '일제식민지' 역사에 관심을 두지 않을 수 없었다. 일제식민지
는 무수한 애국지사와 역적 이완용 한 사람만이 대치한 역사가 아니

다. 18세기 중후반에 있었던 일본의 발전은 한국 지식인들의 관심을 끌었다. 일제식민지는 너무나 많은 사람을 유혹하거나 변절시켰고 생각보다 훨씬 더 많은 사람이 일제에 부역했다.

유혹에 변절하지 않고 꿋꿋했던 사람은 우리가 인정하기 싫지만 소수였다. 그 귀한 인물 중에 안동 출신의 위대한 민족시인 이육사 1904~1944가 있다. 그는 일본에 끈질기게 저항했기 때문에 40년이란 짧은 생애에 17번이나 투옥당했고 결국은 1944년에 이국땅 베이징 감옥에서 고문을 받다가 옥사했다.

이육사는 조국의 해방을 목 놓아 기다리면서 웅혼한 시 '광야'를 남겼다. 이 시 한 편은 이광수니 서정주니 하는 매국 문인들이 남긴 일제강점기의 모든 글들을 압도하고 남는다.

…

지금 눈 나리고
매화 향기 홀로 아득하니
내 여기 가난한 노래의 씨를 뿌려라

다시 천고의 뒤에
백마 타고 오는 초인이 있어
이 광야에서 목놓아 부르게 하리라.

그렇게 고대했던 해방은 이육사가 감옥에서 순국하고 1년 7개월 뒤인 1945년 8월에야 찾아왔다. 해방 정국에는 이육사처럼 조국 해방에 열정을 지닌 사람이 많았다. 여운형은 일제의 패망을 예견하고 사전에 '건국준비위원회건준'를 발족시켰다. 그는 8월 15일 해방이 되자 건준으로 하여금 즉시 정권을 인수하고 9월에는 지방으로 광범위하게 확산하려 했다.

여운형이 친일파들에게 2차 테러를 당한 1945년 9월 7일, 한반도에 진주한 미군 사령관 맥아더는 미군이 직접 남한을 통치하겠다는 미군정 포고령을 선포했다.

내 맥아더가 지휘하는 미군은 38도 이남의 조선 지역을 점령했다.

남한을 점령한 미군은 여운형의 건국준비위원회는 물론, '대한민국 임시정부'까지 무시하면서 남한의 자주적 정부수립을 거부했다. 대신 친일 관료, 경찰, 군인 출신 등 반민족 인사들을 대거 고용해서 미군정에 편입시켰다. 그리고 친일 친미 반민족 세력은 미군정을 따르지 않는 김구, 여운형과 같은 자주독립 지도자들을 암살하고 건국 지사들을 권력으로 억압했다.

철저히 단죄당해야 할 친일파가 미군정의 등을 올라타고 오히려 항일 독립지사를 모질게 탄압하였다. 우리가 부딪치고 있는 오늘날의 모든 갈등은 이때부터 시작되었다. 이때 일어난 갈등의 근원적인 문제를 우리 사회는 아직 한 치도 해결하지 못하고 있다.

2021년 7월 1일, 이재명 지사는 대선 후보 출마 선언을 하고 자신의 고향 안동에 있는 '이육사 문학관'을 찾았다. 그는 문학관을 지키는 이육사의 딸 이옥비 씨를 만나 이렇게 이야기했다.

대한민국은 다른 나라의 정부수립 단계와는 달라서 사실은 친일 청산을 못하고, 친일세력들이 미 점령군과 합작해서 그 지배체제를 그대로 유지했지 않은가? 깨끗하게 나라가 출발하지 못했다. 해방 이후 친일 세력들은 청산된 게 아니라 오히려 미군 점령군들과 협조 관계를 이뤄서 정부수립에 깊이 관여했고, 그들이 기득권을 그대로 유지했다.

거두절미하고 '미군은 점령군이다.'라는 말이 언론을 타자, 친일파 후손들과 그들에게 빌붙어 구차한 권력을 누리는 자들이 우르르 몰려들어 와자지껄 색깔론으로 이재명에게 돌팔매질을 했다.

심지어 더불어민주당의 유력한 대선 경쟁 후보조차 "발언의 파장을 생각해야 한다"고 비판했다.

나는 진정한 역사의식보다 자신과 계파의 정치적 이익을 우선하는 게 우리나라 대다수의 정치인이라는 것을 안다. 그러나 친일문제는 도올 김용옥의 얘기처럼 '그 역사에는 가깝게 우리 엄마 아버지의 문제가 복잡하게 얽혀' 있다.

더불어민주당은 촛불혁명으로 집권을 하게 해 주었고 또 180석의 의석을 준 '깨어 있는 시민'의 든든한 후원을 생각한다면 역사의 진실에 마주하는 일에 누구를, 무엇을 두려워할 것인가.

70년 전의 역사를 거론하자 비루한 자들은 마치 오늘의 일인 양 부산을 떨고 있다. 이런 행동은 그들이 '모든 역사는 현대사다'라는 것을 역설적으로 증명한 셈이다. 도둑 제 발 저린다고나 할까.

'점령한다occupy'란 말은 점령군 사령관이었던 맥아더가 했다.

이제 우리는 과거를 정직하게 바라보아야 하지 않겠는가?

이 진실에 가까이 다가가지 않거나, 거부하는 것은 아직도 구시대적인 냉전 사고에 절어 있다는 증거다.

나는 분단 상황을 악용하고 외세에 의존하는 세력이 무엇보다 가장 큰 적폐라고 단정한다. 나는 현대사를 정직하게 바라보고 진실을 말하려는 자세를 다음 정부를 이끌 새로운 리더십의 첫 번째 덕목으로 꼽는다.

04 _ 적반하장의 역사

1945년 8월 15일 해방은 소수의 선각자를 제외한 대다수 민중에게는 의아하고 갑작스럽게 다가왔다. 해방의 열정을 지닌 사람에게 동시에 찾아온 것은 남북 민족 분단이란 최악의 사태였다.

남한에서 분단의 원인을 제멋대로 해석하는 사람이 많았다. 해석이 많은 만큼 분단 해결책도 난무했다. 그 해결책 가운데 북진통일은 가장 허풍스러웠다.

분단이 남긴 상처는 뼛속까지 깊었다. 남한에서는 단죄당해야 할 대상이 단죄의 주인공이 되는 어처구니없는 일이 일어났다.

노덕술은 일제강점기에 독립 운동가를 악랄한 방법으로 고문한 일본 경찰의 고등계 형사였다. 그러나 그는 해방 이후 남한에서 수도 경찰청 고위 간부로 권력을 누렸다.

김원봉은 중국 일대에서 '조선의열단' 단장으로 활약하면서 일본 경찰의 간담을 서늘하게 한 무장 항일투사였다. 그는 상해 임시정부에 합류하여 광복군 부사령관 및 군무부장을 지내기도 했다.

적반하장도 유분수였던가, 해방 후 귀국한 김원봉은 노덕술에게 끌려가 폭행을 당했다. 김원봉은 분노의 눈물을 가득 머금은 채 월북을 선택했고, 노덕술은 독립지사들을 반체제 인사로 모함하여 잔인하게 탄압한 공로로 이승만에게서 충무무공훈장을 받았다.

해방된 남한에서 권력을 차지한 친일분자들은 독립지사들을 암살하거나 고문, 구속, 협박 등의 탄압을 서슴치 않았다. 반민족 행위자들은 단죄를 당하기는커녕 오히려 미군정에 빌붙어 남한의 통치자와 관료로 화려하게 부활하며 분단에 안주했다.

이렇게 남한은 도덕의 가치가 뒤바뀌면서 친일파를 청산하지 못하여 지금까지도 사회 곳곳에서 도덕성 시비가 끊이지 않고 있다.

민족이나 국가의 근본적인 기초는 도덕성이다. 아무리 아름다운 문학을 썼거나 실용적인 지식인일지라도, 반민족적 행위를 한 인간들은 지도자가 되거나 통치 관료가 되어서는 안 된다. 독립지사들을 탄압하여 해방을 방해한 그들은 대를 이어 친일을 합리화하고, 분단을 고착화하여 분단을 즐기면서 기득권을 유지해 오고 있다.

북한이 친일부역자를 엄중하게 처벌하자 그들은 대거 남한으로 도망쳐 왔다. 그리고 그들은 반공주의를 앞세워 권력의 비호를 받으면서 철저한 폭력배가 되었다. 남한에서 서북청년단을 결성한 이들은 반공을 기치로 내건 이승만에게 조금이라도 반항하면 잔혹한 테러와 탄압을 자행했다.

1948년 제주4.3사건에서 '서북청년단'은 제주의 선량한 주민들을 빨갱이로 몰아 잔인하기 이를 데 없는 폭력과 살인을 저질렀다. 이 사건으로 당시 20만 명에 불과했던 제주 인구의 15%에 이르는 3만여 명이 억울하게 희생됐다.

프랑스 대혁명 이후 혼란의 격동기를 경험한 정치가이자 역사학자인 토크빌Tocqueville; 1805~1859은 자유와 갈등의 관계를 이렇게 보았다.

자유는 일반적으로 격변 속에서 확립되고 내란으로 완성된다. 그리고 자유의 은총은 그 자유가 낡아 버리기 전에는 충분히 깨닫지 못한다.

05 _ 우유부단한 장면 정권

내란 성격의 한국전쟁은 미국과 소련으로 대표되는 동서냉전의 기운을 얻어 국제 전쟁으로 비화했다. 조그만 땅 한반도는 제2차 세계대전에서 40여 국가가 사용한 양보다도 더 많은 폭탄 세례를 3년 동안이나 받았다. 지구상의 전쟁 가운데 가장 파괴적인 전쟁이었다.

한국전쟁의 진정한 비극은 휴전으로 전쟁 없는 상태를 유지했을 뿐, 해방의 열정은 온데간데없이 사라지고 이념의 긴장과 문제만 남았다는 사실이다.

친일파가 권력의 핵심을 차지한 이승만 정권은 전쟁 전후 기간에 무자비한 학살을 통해 공포정치를 확립했다. 내세울 만한 정치력이나 그 어떤 정책도 없었던 이승만 세력은 전쟁을 거치면서 오로지 반공을 내세워 공포 분위기를 조장했다. 반공이라는 가면탈은 친일파에게는 매력적이면서 효과적이었다. 반공이라는 가면을 쓰면 친일

매국의 범죄를 감출 수 있었다. 남한에서 반공주의자란 친일파의 또 다른 이름이 되었다. 반공이라는 우상은 지금까지도 이 땅에 횡행하며 기승을 부리고 있다.

이승만은 반공주의자들에게는 건국의 영웅이자 국부國父로 추앙받았다. 이승만은 해방 후 민족의 반역자인 친일파들을 청산하자고 외친 해방의 열정을 지닌 이들의 이마에 빨갱이라는 붉은 낙인을 찍었다. 이승만은 자신에게 저항하는 이의 가슴에 반공이라는 총알을 무자비하게 쏘아댔다.

정치는 실종됐다. 합리성에 기반한 상식이라고는 전혀 없었고 반대자를 오로지 빨갱이로 몰아 공포와 혐오를 조장했다. 이승만은 반대자들에게 심지어 이정재 같은 정치 깡패의 발길질과 주먹질까지 동원했다. 이때 상황을 한 서방기자는 "남한에서 민주주의를 찾기란 쓰레기 더미에서 장미꽃이 피기를 기대하는 것보다 더 어렵다"고 남한을 조롱하고 모멸했다.

남한의 민주주의는 과연 그렇게 흘러갔을까?

바르게 배우고 도리를 안다면 인간은 도덕과 양심을 지니지 않을 수 없다. 역사가 어지러운 시절일수록 더욱 그렇게 움직였다. 남한은 민주주의 경험은 없었지만 인류의 보편사에 발걸음을 맞추는 위대한 저력을 발휘했다.

남한에서는 1940년대 말보다 1960년대 초의 고등학교와 대학 등록률이 4배나 되었다. 농촌 부모들은 당시 가장 값진 재산이었던 소를 팔아서라도 아들을 대학에 보냈다. 그래서 대학을 우골탑牛骨塔, 소뼈를 쌓은 곳이라고 했다.

해방의 열정을 지닌 젊은이들은 양심의 파수꾼이 되기를 거부하지 않았다. 1960년 4월 19일, 10만여 명의 학생과 청년 그리고 민중들은 이승만의 하야를 요구했다. 이날 경무대^현 ^{청와대} 경비병의 무력 진압으로 서울에서만 130명이 죽고 1천여 명이 부상을 당했다.

4월 25일, 대학교수 수백 명이 이승만의 하야를 요구하는 평화시위를 했다.

4월 29일, 정치적 미덕이라고는 티끌만큼도 없었던 교활한 옹고집의 85세 외골수 노인 이승만은 하와이로 도망쳤다. 우리나라 역사상 처음으로 민중의 힘으로 최고 통치자를 갈아치웠다.

야당인 민주당은 단군 이래 우리나라에서 첫 번째 민주정부의 주인공이 되었고 2원내각제 체제로 헌법을 바꾸었다. 대통령은 명목뿐인 자리였고 실질적 권한은 총리가 행사했다.

총리 장면은 지주의 아들로 고등교육을 받았고, 영어를 유창하게 했으며 당시로는 드물게 가톨릭 신자였다. 유능하고 유순했으나 너무나 유약했다. 장면 총리는 한국주재 미국대사 및 CIA 책임자와 우리나라의 주요 결정을 상의했다. 장면 총리는 조선 시대의 관료가 중국에 그러했듯이 미국에게 사대事大의 예를 갖추었다.

06 _ 박정희의 군사쿠데타

우유부단했던 장면 정권은 군부에게 쿠데타를 일으킬 많은 핑계 거리를 제공했다. 결국 첫 번째 민주정권은 1년도 채 안 돼 박정희의 군사쿠데타에 의해 무너졌다.

박정희는 그때부터 18년간 집권했다. 남한에서 그 집권 18년간을 어떻게 평가할 것인가에 대한 논의보다 더 어렵고 혼란스러운 것도 찾기가 쉽지 않다.

다음은 내가 2012년 7월 17일 페이스북에 쓴 글이다. 당시는 박정희의 딸 박근혜가 가장 유력한 대선 후보였다.

박정희의 두 초상肖像

몽고족인 원나라를 중원에서 몰아내고 다시 한족의 왕조를 건립한 명明태조 주위앤장朱元璋은 보잘것없는 집에서 태어났다. 땡땡이 중노릇도 하다가 기회를 잘 잡아 황제의 자리에 오른

왜 이재명인가?
- 기본소득과
역강부약

인물이다. 주위앤장의 초상은 두 종류가 전해오고 있다.

하나는 매우 인자하고 거룩한 모습이며 다른 하나는 시커멓고 턱이 푹 빠져나온 흉악무도하게 생긴 모습이다.

이 두 그림은 중국 역사를 통해 '어느 것이 진짜 모습일까?'라는 추측과 논란을 일으켰다. 어찌 보면 매우 다른 두 얼굴 모두가 주위앤장의 모습이라 할 수도 있다. 대제국을 건설할 정도면 인자한 얼굴의 덕이 있었을 것이고, 한편 그 흉악한 얼굴을 가졌기에 개국의 공신을 수만명이나 죽인 무지막지한 피의 숙청을 감행할 수 있었을 것이다.

과거사 규명과 관련하여 우리 현대사에서 박정희만큼 이러한 참모습의 논란이 증폭되는 인물도 드물 것이다. 박정희의 행적을 찬양만으로 도배질한 것과 혹독한 비난으로만 가득 채운 극단의 두 초상이 남아 있기 때문이다.

나라는 반쪽으로 동강나고, 자연자원은 거의 없으며, 주민들은 삶의 뿌리를 잃고 모진 고생을 겪으나 국내자본이라고 할 만한 것은 없었다. 국내시장은 손바닥만 하고, 노동인구라곤 일본인들이 흔히 되뇌는 말로 게으른 촌놈들 밖에 없다고 오랫동안 여겨져 왔던 남한에, 산업국가의 기틀을 세움으로써 '한강의 기적'을 만든 영웅으로 묘사하는 박정희의 초상이 널리 퍼져 있다.

가난한 농가에서 태어나 식민지 조선에서 지위 상승의 새로운 경로가 된 일본 사관학교에 입대하여 일본군 장교가 되어 스스로 '다카키 마사오'라고 창씨개명까지 하며 일본 왕을 위대한 천황으로 받들었다.

박정희는 해방 후에는 남로당 군사총책을 맡아서 여순사건에 깊숙이 관여했다가 발각되어 사형선고를 받았다. 그러나 조직과 동지를 모두 고자질한 대가로 다시 군에 복귀하여, 기회를 엿보다 쿠데타로 집권에 성공하였다.
박정희는 1930년대의 일본으로부터 기꺼이 교훈을 배웠고, 어떤 반발도 잠재울 수 있는 독재권력을 행사하였다. 이렇게 박정희의 초상은 소름 돋을 정도로 무서운 기회주의자의 모습으로 다가온다.

독재권력은 늘 신화를 만들거나 조작한다. 박정희는 막걸리를 즐겨 마시는 서민대통령이라고 알려졌지만 밤이 되면 양주를 즐겨 마시는 것으로 드러났다. 박정희는 한여름에도 사무실에서 선풍기를 틀지 않은 절약정신이 넘치는 대통령으로 선전되었지만 밤에는 자신이 만든 화려한 비밀 아방궁에서 죽는 순간까지 젊은 여자들을 옆에 두고 양주로 흥청거렸다. 이런 인간적 허물은 박정희 평가의 본질적 물음이 아니다.

박정희가 없었다면 단순 조립작업만 하던 나라가 어떻게 실리콘 박편에 극소의 선들을 새겨 넣어 수십억 단위의 소수점을 연산하는 마이크로프로세스를 생산해내는 국가로 발전할 수 있었을까라는 물음이 본질적이다.

'철은 국력'이란 구호 아래 박정희가 이끈 연평균 9.3%의 성장은 민주발전을 어쩔 수 없이 유보하였지만 그 대신 '조국의 근대화'를 통한 '민족중흥'의 기적을 이룩한 위인으로 평가하는 부류가 많다.

한편에서는 당시의 경제 성장은 일반 노동자들의 피와 땀으로 이루었다는 평가도 있다. 이를테면 1960년대에 남한은 1인당 국민소득이 겨우 100달러에 불과하였으나 대학재학 인구는 280명당 1인이었다. 이에 비해 영국은 국민소득 1,200달러에 대학재학 인구는 425명당 1인이었다.

남한의 부모들은 '죽기 아니면 까무러치기'식으로 살았으며 특히 논밭을 팔아서라도 자식 교육에는 상상할 수 없는 열정을 쏟았다. 때문에 "박정희 때문에 한국경제가 발전한 것이 아니라 박정희에도 불구하고 한국경제가 발전한 것이다."고 지적하는 경제학자들도 있다.

누구도 예측하지 못한 남한의 산업화 성공이 박정희의 탁월한 영도력 때문에 가능했었는지 여부는 평가하는 사람의 정치적 경제적 노선에 따라 이처럼 극명하게 엇갈리고 있다. 경제가 어려울수록 박정희의 초상을 권위주의적인 효율성에 향수를 느끼게끔 그리기도 하고, 반대로 재벌 특혜와 노동자 억압 그리고 정치 부패에 분노의 눈길을 가지게끔 그리기도 한다. 실체적 진실은 과연 무엇일까?

올 대선에서 박정희는 자신의 딸을 통해 사후 33년 만에 국민에게 자신의 이미지를 직접 심판받을 기회를 얻었다.

이번 선거에서 국민은 박정희의 어떤 초상을 선택할까?

-이 글은 브루스 커밍스의 '한국현대사'를 참고하여 작성함.

이승만은 논할 가치가 티끌만치도 없다면, 박정희는 경제 성장의 성과로 논란의 여지가 많다. 이승만은 망명지에서 90세의 수를 누렸지만 만 62세의 박정희는 아주 부끄러운 곳에서 최측근의 총알을 맞고 횡사했다.

07 _ 역동적인 민주화 열정

박정희 시대 역시 민족통일과 민주화 열정을 지닌 수많은 이들의 저항이 끊이지 않았다. 군홧발에 짓밟히면서도 민주화 열정으로 저항을 멈추지 않았던, 우리가 잊어서는 안 되는 인물들이 많았다.

그 가운데 너무나 숭고한 인물이 있었다. 박정희가 경제성장의 시동을 걸었을 무렵 한 청년 노동자의 외침은 남한의 양심을 흔들었다.

영국의 대문호 찰스 디킨스는 1838년에 '올리버 트위스트'란 소설을 썼다. 1800년대 초 영국 산업혁명 이후의 비참한 노동 현실을 잘 묘사한 역작이었다. 1960년대 당시 청계천 봉제공장의 노동 현실은 약 150년 전 영국의 노동 현실과 다른 바가 없었다.

걸식을 하며 자란 노동자 전태일은 초등학교조차 제대로 졸업못하고 고등공민학교 1년중학교 1년 과정을 겨우 마쳤다. 구두닦이, 신문 배달로 입에 풀칠을 하다가 16살에 청계천 평화시장에서 노동자

생활을 시작했다.

그는 노동자의 비참한 생활은 가진 자들과 권력자들이 법을 지키지 않기 때문이라는 걸 알았다. 남한에 막 정착하던 천민자본주의에 대한 예리하고도 위대한 통찰이었다. 그는 1970년 11월 13일 자신의 몸을 불태우며 우리가 결코 잊어서는 안 되는 사자후를 외쳤다.

근로기준법을 준수하라!

청년 전태일의 숭고한 외침을 어머니 이소선 여사가 이어받아 남한 노동운동사에 우뚝한 이정표를 세웠다. 이 이정표를 따라 걸어간 노동자와 지식인들은 9년 뒤 박정희의 유신통치를 끝장내는 데 큰 공헌을 했다.

1980년 유신통치가 끝나자 서울의 봄이 오는 것 같았다. 그러나 그 희망은 한낱 바람이었을 뿐이었다. 곧바로 한국전쟁 이래 우리 민족의 최대 비극인 '5월의 광주학살'을 맞았다. 그 학살은 인간 백정 전두환 무리의 짓이었다.

1987년, '역동적인 민주화 열정'을 지닌 젊은이들은 6.10항쟁을 통해 정권을 연장하려는 '인간 백정' 전두환의 교묘한 야욕을 끊어내고 대통령 직선제 헌법을 쟁취했다. 그 과정에서 박종철과 이한열을 잃었지만, 광주 학살자 처단의 길을 열은 셈이다.

김영삼과 김대중은 양김으로 불리면서 의심할 바 없이 당시 정계의 두 축이었지만 국민은 대통령을 동시에 둘이나 뽑을 수는 없었다.

이 결정적인 순간에 양김은 어리석고 끔찍하게 감정 대립을 했다. 결국 김대중은 평화민주당을 창당하여 독자 출마를 강행했다.

그해 12월 김영삼, 김대중, 양김의 분열로 5.18 광주학살의 원흉인 노태우가 어부지리로 대통령에 당선됐다. 양김 때문에 장면 정권에 이은 두 번째 민주정부 수립의 기회를 잃고 5.18 학살자를 처단하지 못하는 회환의 역사를 만들었다.

양김은 영호남을 대표한 정치인이었다. 양김 분열은 이후 어떤 나라에서도 볼 수 없는 지역주의 투표라는 병폐로 새겨져 아직까지도 남한을 지역주의의 늪에서 헤어나지 못하게 하고 있다.

노태우, 김종필과 합작한 김영삼의 문민정부는 남한의 두 가지 폐단을 없앴다. 하나는 군인을 병영에 묶어 놓은 것이고, 하나는 금융실명제를 실시함으로써 경제 투명성을 높인 것이다. 그러나 김영삼은 결정적인 경제 실책을 저질렀다. 문민정부 말기에 IMF라는 경제 위기를 자초하여 남한이 신자유주의 체제에 흡수되는 빌미를 제공했다.

남한 정치사에서 가장 노련하고 지적인 김대중은 5.16쿠데타의 주역인 김종필의 도움으로 DJP 연합을 구성하여 김영삼 다음에야 집권할 수 있었다. 정치와 경제에 관련한 모든 지식에 해박했던 김대중은 IMF 사태로 좌초한 한국 경제를 어쩔 수 없이 신자유주의 체제로 끌고 갔다. 신자유주의 체제 편입은 경제 양극화의 시작을 알리는 신호탄이었다. 김대중은 그런 불운 속에서도 그나마 남북대화의 물꼬를 틔웠다.

노무현은 집권을 위해 어떤 기득권의 도움도 받지 않았다. 민주화의 열정을 지닌 젊은이들의 헌신만으로 집권한 것은 단군 이래 우리 역사에서 가장 의미 있는 집권이었다.

그런 만큼 현실적인 약점도 많았는데, 언론과 검찰 같은 기존 기득권 세력에게서 엄청난 저항을 받았다. 노무현은 어찌된 셈인지 정권 재창출을 소홀히 했다. 그 때문에 정권이 바뀌자 부활한 기득권 세력의 모진 압박에 스스로 목숨을 던지지 않을 수 없었다. 겨우 걸음걸이를 제대로 하려던 민주주의는 다시 털썩 주저앉았다.

새로 탄생한 이명박 정권은 교활하고 사악했다. 사악함에 많은 국민이 새로운 저항의 상징인 촛불을 들었다.

박근혜는 권위주의에 기댈 뿐 하는 일이 없었다.

2014년 4월 16일, 세월호가 육지 인근에서 침몰했다. 304명이 실종·사망했는데, 주로 제주도로 수학여행 가던 고등학생이었다. 사고 당시 시간대에 한참이나 행적이 묘연했던 박근혜는 뒤늦게 나타났지만 구조에 제대로 대처하지 못하여 많은 목숨이 죽어가도록 방치하였으며 침몰 원인도 밝히지 못했다. 안타까운 슬픔에 잠긴 시민들은 분노의 촛불을 들었다.

박근혜는 2016년 초부터 무능하다는 인식이 여기저기 퍼지기 시작하여 최순실의 꼭두각시라는 풍문이 돌았다. 2016년 10월 박근혜의 무능과 부패의 증거가 드러났다. 보수 세력조차도 비판을 하지 않을 수 없었다. 이땅의 양심세력은 격노했고 촛불의 숫자는 엄청나게 늘었다. 촛불은 횃불 이상의 위력을 발휘했다.

2017년 초 '역동적인 민주화 열정'을 지닌 시민들은 촛불의 힘으로 무능하고 부패한 박근혜를 탄핵했다. 피 한 방울 흘리지 않고 최고 통치자를 감옥에 보낸 촛불혁명은 영국의 명예혁명보다 더 위대하다고 해도 지나치지 않다.

민주주의를 향한 열망은 단순히 최근에 생겨난 일시적인 소망이 아니다. 민주주의를 쟁취하고자 한 우리의 열망은 인류 보편의 역사와 발걸음을 같이했다.

1945년 해방에서 2017년 촛불까지 72년간 '해방과 민주화에 열정'을 가진 이들이 이룩한 민주화의 과정은 세계사에서 유례가 없을 정도로 역동적이다. 민주주의 선진국 유럽이 이룩한 '민주화 과정'의 기간보다 우리가 훨씬 빨랐다. 아시아 최선진국이라 자부하는 일본도 해내지 못한 민주화다.

통일과 민주화의 열정에 불탄 젊은이들이 고문과 감옥을 두려워하지 않고 저항했기 때문이다. 오늘 우리가 누리는 민주화는 그들의 용기와 무한한 희생 덕분이다. 우리는 그들에게 늘 고마운 마음을 간직해야 한다.

이제 우리는 촛불혁명을 통해 민주주의라는 활짝 핀 장미를 손에 들고 있다. 이제 어느 누가 우리 사회를 장미꽃이 필 수 없는 쓰레기 더미 같다고 할 수 있으랴!

08 _ '난쏘공'의 외침

민주화라는 포장지는 형식이다. 형식만으로는 정치가 실현해야 할 국민 삶의 질을 개선하지 못한다. 삶의 질을 향상시키는 것은 민주화란 포장지 속의 내용이다. 내용의 핵심은 다름 아닌 복지다.

날로 심해지는 경제 양극화, 청년 실업, 최저 임금, 부동산 폭등, 저출산과 고령화, 여성 차별, 노동 현장에서 재해로 인한 세계 최고 사망률, 세계 최고의 자살률 등등…

전태일이 절규한 1970년대 상황을 우리 사회가 근본적으로 해결했는지 정직하게 물어보자. 조세희의 1978년 소설 〈난장이가 쏘아 올린 작은 공〉의 한 페이지를 펼쳐본다.

폭력이란 무엇인가? 총탄이나 경찰 곤봉이나 주먹만이 폭력이 아니다.

우리의 도시 한 귀퉁이에서 젖 먹는 아이들이 굶주리게 내버려

왜 이재명인가?
- 기본소득과
억강부약

두는 것도 폭력이다.

반대 의견을 가진 사람이 없는 나라는 재난의 나라다.

누가 감히 폭력으로 나라를 세우려는가?

…

지도자가 넉넉한 생활을 하게 되면 인간의 고통을 잊어버리게 된다. 따라서 그들의 희생이란 말은 위선으로 변한다.

나는 과거의 착취와 야만이 오히려 정직했다고 생각한다.

햄릿을 읽고 모차르트 음악을 들으면서 눈물을 흘리는 교육받은 사람들은 이웃집에서 받고 있는 인간적인 절망에 대해 눈물 짓는 능력을 마비당하고 또 상실당한 것은 아닐까?

…

세대와 세기가 우리에게 쓸모도 없이 지나갔다. 세계로부터 고립되었기 때문에 우리는 세계에 무엇 하나 주지 못했고, 가르치지도 못했다.

…

남의 사상으로부터는 오직 기만적인 겉껍질과 쓸모없는 가장자리 장식만을 취했을 뿐이다.

지배한다는 것은 사람들에게 무엇인가 할 일을 준다는 것, 그들로 하여금 그들의 문명을 받아들이게 할 수 있는 일, 그들이 목적 없이 공허하고 황량한 삶의 주위를 방황하지 않게 할 어떤 일을 준다는 것이다.

    -난장이가 쏘아올린 작은 공, 조세희, 이성과 힘, 2021.

1970년대 '난쏘공'이 제기한 근원적인 문제는 50년이 된 2021년 지금 이 사회에서도 여전히 유효하다. 이는 보수와 진보라는 이념을 초월한 과제다. 민주 대 반민주라는 낡은 틀도 이 문제의 해결에는 무용지물이다.

작가 조세희는 인터뷰에서 말했다.

법을 이야기하고 폭력을 이야기하기 이전에, 한 인간들이 처할 수 있는 절망, 그들이 살아 갈 수 있는 방법에 대해 지혜를 짜내야 한다. … 한국에서 부족한 건 집이 아니라 지혜다.

이 과제를 지혜롭게 풀려면 '새 술은 새 부대'란 말이 있듯이 새로운 가치를 담을 새 부대가 필요하다. 이번 대선에서 복지라는 가치를 담을 새 부대, 즉 새로운 인물을 선택하지 않으면 안 된다. 거기에 더하여 '내란을 극복하고 완성한' 자유를 지닌, 통일된 당당한 21세기 한반도를 상상하며 그 기틀을 마련한다면 금상첨화일 것이다.

과연 어느 후보가 새 가치를 담을 새 부대일까?

'난쏘공' 생활을 경험한 이재명의 역사 인식은 새 가치를 담을 새 부대가 될 수 있는 조건이 충분하다.

플라톤의 '파이돈'에 나오는 말을 덧붙이자면

어리석은 자들은 주인에게 끝까지 머무르면서 도망가지 않는 것을 의무라고 생각한다.

오랜 관습을 주인이라 생각하는 사람은 새로운 가치를 두려워하며 저항한다.

09 _ 전태일

인간의 존엄성을 위해 우리 시대에 가장 치열하게 싸운 분은 전태일 열사다.

그러나 그 분이 목숨을 바쳐 외쳤던 "노동자를 혹사하지 말라!"는 당부를 우리 사회는 지금도 지키지 않고 있다.

우리 젊은이들은 베트남전쟁에서 년 700여 명, 8년 동안 5천 6백여 명이 죽었다.

지금 우리나라의 산업현장에서는 매년 2천여 명의 힘없는 노동자가 죽어가고 있다.

총알 한 방 날아다니지 않는 산업현장 노동판이 포탄이 난무한 전쟁터에서보다 3배 이상의 생명을 빼앗고 있다.

우리는 전태일의 삶과 인격을 숭상하는 것보다 전태일의 당부를 실천하는 게 전태일을 진정으로 기리는 일일 것이다.

2021년 7월 30일 이재명 지사는 대구의 전태일 열사가 살았던 집을 방문했다.

다음은 그날 나의 페이스북 글이다.

이재명 지사의 전태일 살던 집 방문을 환영한다.

"백 살을 살아도 깃털보다 가벼운 삶이 있고,
스무 살을 살아도 태산보다 무거운 삶이 있다."

1960년대, 서울 청계천 봉제공장의 어린 청년 노동자는 소수가
누리는 부유함과 안락함에는 언제나 다수의 희생과 고통이 밑
바닥에 깔려있다는 걸 깨달았다.

청계천의 14~16세의 '어린' '여성' '노동자'는 허리를 펼 수 없는
닭장 같은 다락방에서 하루 14시간을 일했다. 잠이 오면 각성
제 '암페타민'을 먹어야 했다. 한 달에 쉬는 날은 단 2일이었다.
'어린' '여성' '노동자'들은 아침도 못 먹고 출근해서 꾸벅꾸벅
졸며 일했다. 어린 청년 노동자는 집에 갈 차비를 털어서 산 풀
빵을 '어린' '여성' '노동자'에게 줬다. 싸구려 풀빵이라도 먹은
이들은 오전 잠시나마 기운을 조금 냈다. 대신 어린 청년 노동
자는 약 12km나 되는 집을 3시간이나 걸어서 갔다.

어린 청년 노동자는 비렁뱅이와 다름없는 자신의 처지를 돌보
기보다, '어린' '여성' '노동자'의 처지에 한없는 연민을 느꼈다.
그는 노동자의 비참함은 사업주와 그들을 보호하는 권력이 근
로기준법을 지키지 않았기 때문이라는 것을 어느 날 깨달았다.
청년 노동자는 각계의 권력 집단에 법을 지켜달라고 호소했지
만, 쇠귀에 경 읽기였다.

청년 노동자가 가진 것은 몸뚱이뿐이었다.

22살의 전태일은 청계시장 앞에서 자신의 몸을 불사르며 노동 착취를 그만두라고 이 세상을 향하여 사자후를 외쳤다.

"근로기준법을 준수하라!

우리는 기계가 아니다!

일요일은 쉬게 하라!

노동자들을 혹사하지 말라!"

온몸이 숯덩이가 된 청년은 병원으로 이송됐다. 병원을 찾아온 엄마 품에서 신신당부했다.

"어머니 제 죽음을 헛되이 하지 마세요!"

그렇겠다고 다짐하는 엄마를 보고 고개를 떨구며 짧은 생의 마지막 말을 했다.

"배가 고프다."

1970년 11월 13일이었다.

22년의 삶은 태산보다 무거웠다.

이 노동자의 고독한 행동은 한국노동운동사의 이정표가 되었다. 뿐만 아니라 이 땅의 모든 민중에게는 물론 지성인에게까지 깊은 성찰을 하게끔 영향을 끼쳤다.

자신의 몸을 불살라 세상을 비춘 노동자 청년 전태일은 우리 시대 지혜의 원천이었고, 도덕적 사유의 모범이었고, 미래의 희망이었고, 불가능을 희망으로 바꾼 사랑의 실천가였다.

전태일이 살았던 집은 수없이 많았다. 대구, 부산, 서울에서 천막, 더부살이, 셋방살이, 천막촌, 판자촌, 무허가 벽돌집…

14세에서 16세까지 1962.8~1964.2 1년 6개월 동안 셋방살이했던 옛 집터가 대구 중구 남산동에 있다. 일터였던 청계천 평화시장을 빼곤 전태일의 흔적이 남아있는 유일한 삶터다.

주로 서울에서 살았고 부산에서도 살았다. 태어난 대구에서 가장 짧게 살았다. 서울에 살면서도 누가 고향이 어디냐고 물으면 '대구 사람'이라고 답했다.

전태일은 22년의 짧은 삶에서 대구 남산동에 살 때가 가장 행복했다고 했다. 그토록 원했던 공부를 잠시나마 할 수 있었고, 친구를 사귀어 순수한 우정을 나누었고, 첫사랑을 경험한 때였다.

2019년 봄, 대구 시민사회에서는 전태일이 살던 옛집을 매입하여 보존하기로 했다. 〈사〉전태일의 친구들〉을 결성하여 당시 3억 5천만원 하던 집 매입 자금을 시민모금으로 마련하기로 했다. 전태일 열사 50주기인 2020년 11월 13일까지 모금을 완료하는 옛집 매입 계획을 세웠다.

대구시민의 반응은 뜨거웠다. 대구를 넘어 전국적인 관심이 모였다. 특히 대구 미술가와 음악가들의 재능 기부가 큰 도움이 되었다. 그 사이 집값은 4억 5천만원으로 훌쩍 뛰었다. 모금은 예상을 뛰어넘어 5억 7천만원을 달성했다.

이는 우리 시민사회의 모금 역사에 획기적인 일이었다.

〈사〉전태일의 친구들〉은 앞으로 이 집을 전태일기념관으로 바꾸려 한다. 이런 역할을 함으로써 대구의 수구 이미지를 탈색하고, 전태일 열사의 온전한 모습을 대구의 상징으로 삼으려 한다.

오늘 오전에 이재명 경기지사가 대구에 와서 전태일 열사가 살던 옛집을 방문한다고 한다.

전태일의 불운한 삶을 이재명 지사는 정치인 가운데 누구보다도 잘 이해하고 있다고 생각한다. 이재명 지사 자신이 너무나 가난하여 초등학교 졸업 후 중·고등학교를 다니지 못하고 비참한 '공돌이' 생활을 했으니 말이다. 때문에 우리나라 정치인 가운데 전태일이 바랐던 세상을 가슴 속 깊이 가장 잘 새겨놓았으리라 짐작한다.

오늘 이재명 지사의 전태일 열사 옛집 방문을 계기로 아직도 '혹사당하는 노동자'의 실상을 되새기며, 노동자가 진정으로 주인이 되는 세상을 함께 꿈꾸어 보자!

다음은 7월 31일 나의 페이스북 글이다.

7월 30일 오전 11시 반,
이재명 후보는 전태일의 옛집을 찾아서 소감을 밝혔습니다.

"노동자 시절 '전태일 추모가'를 많이 불렀습니다.
인권변호사 시절 노동현장에서도 이 노래를 많이 불렀습니다.
법은 법전에나 있었고 현실에는 없었습니다.
공장 노동자 시절 업주 사장이 부도내고 야반도주를 하여 3달치 임금을 못 받았습니다. 하소연할 때가 없어서 파출소에 찾아갔습니다. 그러나 여기는 너 같은 애가 올 데가 아니다 하며 쫓겨났습니다.
요즘도 현장에서 알바하는 애들이 임금도 제대로 못 받는 상황을 보면 밑바닥 세상은 그렇게 많이 변한 건 아니구나 하는 생각에 가슴이 아픕니다.

노동자 때 산재 사고를 당하여 장애인이 되었습니다. 당시 9시에 출근하면 새벽 2시까지 일했습니다. 17시간을 일하는데 일주일 내내 일하면 119시간이 되었습니다. 그래도 120시간은 되지 않았습니다.

아직도 장시간 일하고 제대로 보상받지 못하는 많은 노동자를 생각하면 가슴이 아픕니다. 제가 이소선 어머니를 현장에서 많이 보았는데 그분 마음이 공장에 다닐 때 저의 어머니 마음이었을 겁니다.

이 땅의 노동자들이 존중받았으면 좋겠습니다. 부동산 투기 같은 불로소득보다 노동소득이 더 존중되는 사회가 되었으면 좋겠습니다.

세계 최장에 가까운 노동 시간을 줄여서 일과 웰빙이 함께하는 그런 세상을, 노동과 노동자가 존중받는 세상을 하루라도 빨리 이루었으면 합니다.

여기 전태일 열사의 문패가 있고, 집은 낡았으나 전태일 열사의 온기가 남아있는 것 같습니다. 여기를 좀 더 정비하여 사람들이 찾아와 의자에 앉아 쉬면서, 전태일 열사의 마음을 살피고, 우리 세상이 앞으로 어떻게 변해야 할지, 또 바뀔 세상을 상상하며 그림을 그리는 장소로 잘 활용되면 좋겠습니다.

전태일 열사의 마음 즉 법률이 지켜지고, 상식이 지켜지고, 노동을 존중하고 노동이 대우를 받는 세상을 만들어 가는데 저는 최선을 다하겠습니다.

감사합니다."

이재명 지사는 차분한 어조로 5분간의 짧은 연설이었지만, 노동 문제의 핵심을 이야기했습니다. 이재명을 인기에 영합하는 정치인포퓰리스트이라고 음해하는 사람이 많습니다.

정치인이 대구를 찾으면 으레 대구에서 가장 큰 시장인 서문시장을 찾습니다. 떡볶이도 먹고 어묵도 먹고 순대를 먹으면서 상인의 애환을 묻고 상인에게 인자한 대답을 건네면서 사진을 찍습니다.

그러나 이재명 후보는 대구에서 무관심 속에 잊혀가는 이승만에 저항한 상징인 2.28 기념탑을 찾았습니다. 또 대구 사람들이 잘 모르는 전태일 열사의 삶의 흔적이 남아있는, 열사의 옛 집터를 찾았습니다.

2.28 의거와 전태일을 기억에서 불러내는 것은 대구 대다수 보수 유권자의 정서와 많이 떨어져 있는 인기 없는 불편한 일입니다.

이재명 후보는 전태일 열사가 살았던 옛 집터를 찾아 어제의 고통이 오늘까지 이어지는 데 안타까움을 나타냈습니다.

〈사〉 전태일의 친구들〉은 시민모금으로 전태일 열사의 옛 집터를 매입했습니다. 앞으로는 여기에서 우리 시대 가장 숭고했던 '전태일 정신'을 보전하려 합니다.

저는 〈사〉 전태일의 친구들〉의 이사로서, 대구를 찾아 바쁜 일정에도 불구하고 전태일의 정신을 다시 한 번 가슴에 담은 이재명 대선 후보께 고마운 마음을 드립니다.

제3장

공공의료와 성남시의료원

01 _ 성남시장 출마

사람을 평가할 때 흔히 '하나를 보면 열을 안다.'는 표현을 많이 쓴다. 습관에 따른 저급한 행동이 몸에 밴 사람이 고상한 행동을 하기는 힘들 것이다. 품격을 지닌 사람이 천박한 행동을 할 리가 없다는 짐작도 합리적이다.

드물게 완전 반대의 경우도 있다. '열을 보아도 그 하나를 모르겠다.'고 할 수 있는 사례 말이다. 저런 지위에 있는 사람이 어떻게 이런 이해 못 할 행동을 했지라던가, 평소 형편없는 사람으로 보았는데 어쩜 저런 돋보이는 일을 할 수 있을까라는 의외의 사례를 우리는 가끔 본다. 그래서 나는 사람을 풍문이나 단편적인 경험만으로 판단하지 않으려고 애쓴다.

이재명은 1964년에 경북 안동 깊은 산골 오지에서 태어나 초등학교를 다녔다. 초등학교 졸업 후 너무 가난하여 중·고등학교를 다니지 못했다. 요즘 금수저, 흙수저하며 흔히 얘기를 하지만 이재명은 그의 말대로 수저라고는 흙수저조차 아예 없었다. 시골에서 먹고 살수 있는 농토가 없었던 집안은 먹고 살기 위하여 성남으로 이주하였고 그는 성남에서 고무공장 등 여러 업체의 공장을 전전하는 생활을 했다.

그는 소위 '공돌이'로 사춘기를 팍팍하게 보내면서도 꿈을 포기하지 않았다. 손에서 책을 놓지 않았고 독학으로 검정고시를 거쳐 1982년 중앙대 법대에 전액 장학생으로 입학했다. 가난한 그는 무엇보다도 등록금을 내지 않고도 공부할 수 있는 장학금을 주는 대학이 필요했다.

그리고 1986년 22살 때 사법고시에 합격하였으니 공부하는 재능은 탁월했다고 볼 수 있다.

당시 일류 고등학교와 일류대학을 나와도 사법고시에 붙기가 어려웠으며, 대학을 졸업하자마자 합격하는 것은 보통 어려운 일이 아니었다.

우리 사회에서는 가난한 자가 고학으로 사법고시에 합격하면 '개천에서 용이 났다.'는 표현을 흔히 쓴다. 개천이란 하류층이고 용이란 돈과 권력을 쥔 출세자를 의미했다. 사법고시에 합격한 사람들에게 용의 길이란 판·검사가 되어 권력을 맛보다가 퇴직하면 전관예우를 받는 변호사가 되어 돈벌이를 잘하는 길이다.

돈 없고 공부에 재능 있는 사람이 흔히 선택하는 용의 길을 이재명은 선택하지 않았다. 그는 가난하고 소외된 사람들을 위하여 변호사의 길로 갔다.

이재명은 '공돌이'로 보내는 동안 5·18 광주항쟁을 빨갱이 폭동으로 왜곡되게 알고 있었다. 팍팍한 삶이 사회의식을 마비시켰다. 대학에 들어와서 광주의 진실을 알고 천지가 뒤바뀌는 듯한 사회의식의 전환이 왔다.

이재명은 사법연수원 시절, 당시 변호사로 일하던 노무현 전 대통령의 강의를 들은 적이 있었다. 가족의 경제는 어려웠지만 "변호사는 굶지 않는다."는 노무현 변호사의 말을 믿고 인권변호사의 길을 가겠다고 결심했다. 사법연수원 졸업 후 미래를 보장받는 판·검사의 길 대신에 변호사의 길을 걸으며 성남참여연대에 몸을 담았다. 그리고 2004년에 성남시립병원설립추진위원회 공동대표를 맡았다.

2003년, 당시 성남에 소재한 종합병원인 성남병원과 인하병원 두 곳이 모두 폐업을 했다. 돈이 안 된다는 이유였다.
이재명은 성남시민들의 의료공백을 줄이는 것은 물론, 더 나은 의료 공공 서비스를 위하여 시립병원 설립운동을 주도하며 성남시민 10만 명 서명운동에 돌입했다.
공공의료가 무엇인지 모르는 주민들에게 서명받기가 쉽지 않았다. 어렵게 받아낸 서명으로 대한민국 최초로 '성남시립의료원 설립 및 운영에 관한 조례'를 발의했다.
2004년 3월 25일, 새누리당현 국민의힘이 장악한 성남시의회는 이 조례를 토론도 없이 개회 47초 만에 부결시켰다.
이재명을 비롯한 서명운동에 참여한 회원들이 시의회 의장과 의원들에게 강력 항의했다. 회원들은 시의회 회의장을 점거하고 항의 농성에 들어갔다.

시의회는 이재명을 특수공무집행방해죄로 고발했다. 이재명은 농성을 해산하고도 집에 갈 수 없어 이해학 목사가 있는 주민교회 건물 지하에 피신했다.

함께 운동을 하던 보건의료노조 부위원장 정혜선이 찾아왔다.

"이대로 주저앉으면 세상은 변하지 않습니다. 우리가 세상을 바꾸는 방법밖에 없어요."

"어떻게 바꾸죠?"

"우리가 성남시 정치권력을 장악하는 겁니다. 세상을 바꾸고 시의회 의원들을 바꿔야지요. 세상이 변하지 않으면 내가 세상을 바꿔야지요."

이재명이 정치를 하기로 결심한 날이다.

-'이재명 한다면 한다', 백승대, 매직하우스, 2021.

용의 길을 거부한 이재명은 야생마 기질이 솟구쳤다. 이재명은 2006년에 성남시장 선거에 출마해 낙선했지만 두 번째 출마한 2010년 성남시장 선거에서 당선되었다. 그리고 눈물의 약속을 잊지 않았다.

왜 *이재명*인가?
- 기본소득과
  억강부약

02 _ 공공의료와 성남시의료원

이재명은 시장이 되자, 성남시의료원을 '시민의, 시민에 의한, 시민을 위한' 의료원이 되게 혼신의 힘을 쏟았다. 마침내 2013년 11월 14일 성남시의료원 기공식을 했다.

우리나라 최초로 기초자치단체에서 주민발의로 설립하는 병원이었다. 찾기 쉽고, 수준 있는 치료는 물론 친절한 의료진, 낮은 진료비, 24시간 응급체계를 갖추고자 했다.

그 사이 성남시에는 삼성서울병원, 영동세브란스병원, 현대아산병원, 분당 서울대병원, 차의과대학병원 등 우리나라 초일류 병원이 성남시의료원 주변 30분도 안 되는 거리에 설립되었다. 그 병원들과 경쟁하는 어리석은 병원이 될 수도 없고, 되어서도 안 되었다.

찢어지게 가난한 집안에서 자란 이재명은 좋은 의료원에 가고 싶었다. 좋은 의료원을 짓기 위해 이재명은 2010년 성남시장에 출마해 당선됐다.

성남시의료원이 대한민국 공공의료에 대한 희망의 근거가 되기 위한 첫걸음을 이재명은 내디뎠다. 시장 이재명은 2013년 성남시의료원을 착공하면서 돈벌이보다는 공공성을 우위에 놓았다.

장애인, 기초생활보호대상자, 집단거주지 복지시설 수용자, 북한 이탈주민 건강증진사업, 학대피해노인 치료전담병원으로써 기능을 다하기 위해서였다.

그런데 변호사가 왜 시립병원을 추진했을까?

이재명은 2014년 자신의 저서 〈오직 민주주의, 꼬리를 잡고 몸통을 흔들다〉에서 이렇게 밝혔다.

이 공공의료의 새로운 지평을 여는 시립의료원 건립에 반대 논리도 있었다. '적자가 뻔한 사업을 왜 하느냐'는 거였다. 하지만 예상되는 '연간 30억원 적자'는 그것이 회계장부에 마이너스로 표기되어 설령 적자라고 불린다 해도, '착한 적자', '건강한 적자'로 불려야 한다.

솔직히 말해 50만 명 이상의 시민이 1년 내내 이용하게 될 공공시설에서 30억원 적자는 그리 많은 것이 아니다. 재정이 투입된 공공시설은 말 그대로 예산이 모두 소요된다. … 이 돈들은 적자가 아니라 건강한 사회를 위한 투자인 것이다.

그래서 나는 시립의료원 예산 문제를 수익성의 문제로 접근하는 논리에 절대적으로 반대한다. 그것은 엄연히 공공의료 서비스의 일환이며, 의료복지의 하나이기 때문이다. 정부와 공공예산은 본질적으로 잘 쓰는 것이 목표이다.

비슷한 시기인 2013년, 경남지사 홍준표는 진주의료원을 '불어나는 적자를 감당할 수 없다.'는 이유로 폐쇄했다. 홍준표는 이곳에 경남도청 서부청사를 설치했다.

공공의료원 설립과 폐쇄를 두고 나는 감히 이렇게 판단한다.

적자를 각오하고 공공의료원을 설립한 이재명,
적자를 빌미로 공공의료원을 폐쇄한 홍준표.

공공의료원, 그 정책 하나만 보아도 당신의 나머지 열 가지 정책을 알 수 있다!

2017년 시공사의 부도로 공사가 중단되었던 성남시의료원은 우여곡절 속에 공사를 재개했지만 이재명 시장은 병원 완공을 보지 못했다.

2018년 6월 지방선거에서 이재명 시장은 경기도지사에 도전하여 당선되었다.

현대 국가에서 공공의료 강화는 복지의 핵심이다. 공공의료 수준은 복지국가 수준을 평가하는 아주 중요한 잣대의 하나다. 이재명은 공공의료를 가장 진보적 입장에서 뿌리내리려고 애썼다.

변호사가 진보적인 의사들도 감히 생각하지 못한 공공의료기관 설립을 해내고 있다는 의외의 정의로움과 추진력에 믿음이 생겼다. 성남시의료원에 정치인 이재명의 과거와 미래가 담겨 있음을 나는 보았다.

이재명은 초대 성남시의료원 원장으로 인천광역시의료원장과 전국지방의료원연합회 회장을 역임한 조승연을 발탁했다. 이재명과 조승연 조합은 의료 혁명을 일으킬 명콤비였다. 조승연 원장을 발탁한 이재명의 안목은 아르헨티나 출신 의사 체 게바라를 혁명 동지로 삼은 피델 카스트로에 못지않았다.

03 _ 성남시의료원 설립의 혜안

　2013년 기공식을 한 성남시의료원은 순조롭게 진행되는 듯하더니 2017년 말 시행 건설사가 부도를 내어 멈칫했다. 우여곡절을 거쳐 6개월 뒤에 공사를 재개했다. 나는 2017년과 2018년에 성남시 판교의 아들 오피스텔에서 취직한 수원의 치과를 오갔다.

　'공공의료성남시민행동'의 김용진 위원장은 '건치건강사회를 위한 치과의사회'후배였다. 그 덕분에 성남시청 회의실에서 열리는 '시민위원 역량강화 프로그램' 세미나에 참석할 수 있었다.

　성남시의료원은 개원 준비과정에서 시민사회, 지역 노동계, 의료계 등이 모여 공청회, 세미나를 열고 지역 여론을 수렴했다. 이재명 시장은 이런 열린 모임에 어떠한 지시나 권한도 행사하지 않았다. 오직 의료전문가와 시민사회와 노동계의 자율적 결정에 맡겼다.

　2017년 11월 9일 저녁, 세미나 주제는 '병원은 어떻게 운영되는가?'이었고 강의는 성남시의료원 조승연 원장이 맡았다. 공공병원 운영은 '민간병원과 차이점이 있어야 한다'가 세미나의 큰 전제였다.

　다음은 조승연 원장이 빔프로젝트를 사용하여 강의한 내용이다. 나는 각 슬라이드마다 사진을 찍어 강의 내용을 저장했다. 이 글을 쓰기 위해 사진 폴더를 열어 정리했다.

　1. 한국보건의료의 문제점

　　－ 과잉, 과소 진료

　　－ 상업적, 영리적 의료형태, 보건의료 산업화 정책(영리병원, 원
　　　격의료, 의료관광)

　　－ 사회안전망 상실, 의료비 상승과 가계 파산

　　－ 무너진 의료전달 체계

　　－ 의료 인력수요 공급정책 실패

　　－ 재난적 의료비용과 민간의료보험 급증

　　－ 치료의학 전문의료 중심

　　－ 신자유주의적 정부 정책 기조

　　－ 가입자를 배제한 정책 결정국민 거버넌스 부재

　2. 공공성을 상실한 의료제도를 해결하기 위한 공공병원의 미션

　　－ 미충족의료 해소와 의료취약계층의 사회적 안전망

　　－ 보건의료적 국가재난사태에 대비

　　－ 국가보건의료정책의 수행

　　－ 민간의료를 선도하는 적정 진료, 표준 진료 제시

　　－ 보건의료기관 인력관리의 표준모델 제시

왜 이재명인가?
- 기본소득과
　억강부약

3. 미충족의료 해소와 의료취약계층의 사회안전망

- 차별 없는 진료

- 찾아가는 진료

- 예방 중심의료를 지향

- 본인 부담 경감

- 보건의료복지 통합적 접근

4. 재난적 의료비 현황

- 가처분소득 40% 이상 또는 소득의 10% 이상 의료비 지출

- 전체 가구의 19.3%에서 발생(2013년)

- OECD의 2.5배 수준

5. 국가보건의료정책 수행의 임무

- 신포괄수가 시범사업

- 간호간병통합서비스 시범사업

- 만성질환 관리사업

- 원격의료 시범사업

- 공공보건의료지원단 위탁운영

- 각종 정부 행사 지원

6. 민간의료를 선도하는 적정, 표준진료

- 표준진료지침 시행

- 과잉진료 과소진료 제어

- 평등의료 건강권 기초

7. 보건의료기관 인력관리의 표준모델 제시

    - 근로기준법 준수

    - 공정한 인사 및 채용

    - 공정한 평가보상

    - 공정한 급여체계근속급 단점 해소 동일노동 동일임금

    - 직무평가위원회 노·사·전문가로 공정한 위원회 구성

    - 비정규직 없는 병원; 용역, 비정규, 기간제 노동 최소화

    - 편법적 수당 최소화 통상임금화

    - 주치의제 시범사업

    - 비급여 급여화

    - 의료전달체계 확립 시범사업

진취적이고 구체적이며 야심에 찬 공공의료원 설계였다. 확신에 찬 조승연 원장의 강의를 들으니 성남시의료원은 이를 실현하리라는 믿음이 생겼다. 의료사각지대를 없애고 예방의료를 강화하며 의료전달체계를 확립한다면 선진 의료에 다가갈 수 있다는 기대가 생겼다.

또한 '보건의료기관 인력관리의 표준모델 제시'에서는 유럽 수준의 노사관계를 이룰 수 있을 것 같았다. 이는 수익을 내야 할 민간의료에서는 감히 꿈 꿀수 없는 것이고 적자를 감수할 수 있는 공공기관에서만 가능하다.

세미나가 끝나고 조승연 원장과 참석자들은 맥주집으로 가서 이야기를 나누었다. 20여 명의 참석자 모두 열정적인 시민운동가와 노동운동가였다고 기억한다. 의미가 많았던 모임이었다.

왜 이재명인가?
- 기본소득과
  억강부약

04 _ 친절과 배려

"한 친구는 장사를 동업하면서 다른 친구를 번번이 속이고 자신의 몫을 더 챙겼다. 그 친구는 사업을 하다가는 번번이 실패하고, 벼슬길에 나섰다가도 번번이 쫓겨났다. 싸움터에 세 번 나갔다가 번번이 도망쳤다."

하나를 보아 열을 안다면, 이런 친구를 친구로 두었다면 옆에서 볼 때 참으로 어리석고 답답하기 짝이 없을 것이다.

여기서 한 친구와 다른 친구는 관중과 포숙이다. 권력의 정상에 오른 관중은 사람들에게 친구 포숙에 대해 이렇게 말했다.

"일찍이 내가 가난할 때 포숙과 함께 장사를 했는데, 이익을 나눌 때 나는 내 몫을 더 크게 했다. 그러나 포숙은 나를 욕심쟁이라고 말하지 않았다. 내가 가난하다는 것을 알고 있었기 때문이다. 또한 내가 사업을 하다가 실패하였으나 포숙은 나를 어리석다고 말하지 않았다. 세상 흐름에 따라 이로울 수도 있고 그렇지 않을 수도 있음을 알았기 때문이다. 내가 세 번 벼슬길에 나아갔다가 번번이 쫓겨났으나 포숙은 나를 무능하다고 말하지 않았다. 내가 시대를 만나지 못했음을 알았기 때문이다. 내가 싸움터에 나가 세 번 모두 패하고 도망쳤지만 포숙은 나를 겁쟁이라고 비웃지 않았다. 내가 늙으신 어머니를 모시고 있음을 알았기 때문이다. 나를 낳은 이는 부모님이지만 나를 알아준 이는 포숙이다."

이 두 사람의 우정은 〈사기〉의 '관안열전'에 나온다. 그 우정을 '관포지교'라 했다. 포숙이 관중의 행위 하나만 보고 열 가지 행위를 속단하고 우정을 쌓지 않았다면, 중국 역사에서 관중이라는 위대한 재상은 탄생하지 않았을 것이다.

포숙은 관중의 열 가지 결점을 알고 있었지만, 통치 능력이라는 위대한 한 가지 재능을 발견하고 모든 힘으로 도와서 재상에 오르게 했다. 포숙은 몇몇 행위로 관중을 예단하지 않았다. 많은 결점이 있었지만 위대한 재능만은 믿었다. 장점이 모든 결점을 다 덮을 수 있었던 인물은 역사에는 흔하지 않았지만, 더러 있었다.

의사들은 진료비가 비싼 비보험 진료를 좋아한다. 치과의사인 나도 마찬가지다. 그런데 환자들은 비싼 진료비를 내는 대신 의사들의 친절을 문제 삼는 경우가 꽤 많다. 때로는 백화점 종업원이 돈 많은 고객에게 갑질 당하는 뉴스를 보면 동병상련을 느끼고는 했다.

소비자들은 많은 돈을 내기 때문에 서비스를 제공하는 자에게 친절을 강하게 요구한다. 음식점 직원, 백화점 직원, 관광버스 기사, 식당 주인, 의사와 변호사도 돈 앞에서는 똑같은 처지에 놓인다. 친절을 요구하는 것이 나쁘다는 뜻은 결코 아니다.

의료 행위의 본질은 '배려'이다. 우리나라 의료제도에서는 돈 많은 환자에게 친절하기 쉽고 자본주의 사회에서는 또 그렇게 해야 생존할 수 있다. 의사도 인간인 이상 가난한 환자에게 친절하기란 쉽지가 않다. 시쳇말로 하면 친절은 옵션이다.

'배려'가 의료제도 자체가 되면, 가난한 사람도 부자와 똑같은 시스템에서 똑같은 절차와 서비스를 받을 수 있다. 의료에서 '배려'의 핵심은 무상이다. 무상의료 제도에서는 모든 사람을 '평등'하게 대한다.

촛불 정부는 초기에 '문재인 케어'를 공약으로 내걸었다. 고가의 비보험 진료를 보험화하겠다는 정책이었다. 초안이 아직은 거칠고 우리 의료 형편에 맞지 않는 부분이 있을 수도 있다. 이런 정책의 본질은 친절보다 배려하려는 의도다. 그런데 대부분의 개업 의사들은 비싼 비보험 진료를 보험화하려는 정책에 목숨 걸고 반대 투쟁을 선언하면서 문재인 정부를 빨갱이로 몰았다.

얼마 전 내가 이재명을 지지한다고 하니 격려도 있었지만 비아냥도 많았다. 이재명 비난을 내게 간접적으로 하는 사람도 많았다.

"하나를 보면 열을 알 수 있지 않은가?"하면서 자기만이 알고 있다는 이재명의 비난 받을 점을 은근히 밝히는 사람도 있었다.

나는 우리 세대의 그 어떤 정치인도 결점이 없는 사람을 보지 못했다. 법을 위반한 사람, 도덕에 문제 있는 사람, 과거 행적, 정무 능력이 모자라는 사람, '깜냥인성'이 안 되는 사람 등 상대방의 비판에서 자유로운 정치인이 과연 있을 수 있을까.

나는 우리나라의 정치인을 도덕적으로 완벽했던 베트남 지도자 호찌민과 비교할 생각은 없다. 존경받는 민족 지도자 몽양 여운형 선생과도 비교할 생각이 없다. 호찌민이나 몽양은 우리의 잣대로 논할 수 없이 그릇이 큰, 그야말로 세계사적인 인물이다. 현실 정치인에게 역사적인 모범의 잣대로 재단하는 것은 너무 가혹하지 않을까.

나는 이재명에게 관심을 가진 이후 이재명에 관한 갖은 음해성 추문을 들었다. 하지만 나는 포숙이 관중의 여러 가지 결점에도 불구하고 위대한 재능을 믿고 평생 후원했듯이, 이재명의 공공의료원 설립 의지에 진정성을 느꼈고 그런 정치적 행보에 커다란 신뢰를 보냈다. 치과의사로서 의료제도에 관심이 많았던 나는, 변호사 출신 정치인이 공공의료원을 설립하는데 큰 감명을 받았다. 나는 역설적으로 '이 한 가지 의지를 보고 이재명의 열 가지'를 판단했다.

나는 이재명의 '카더라' 풍문에 열 가지 비난보다 이재명의 진정성 있는 한 가지 즉 공공의료원 설립 의지를 보고 이재명 전체를 믿기로 했다. 포숙이 결점 많은 관중을 믿은 것은 관중의 특출한 지모 智謀였다고 했다.

관중에 대한 포숙의 확고한 믿음은 동양의 대표적인 우정이었다.

서양의 아리스토텔레스는 우정을 인생의 참된 즐거움으로 보았고, 진정한 우정을 나눌 수 있는 친구가 있다면 인생은 성공한 것으로 여기면서 이렇게 말했다.

우정은 유용성과 즐거움 그리고 선, 이 세 가지에 바탕을 두고 있다. 선에 바탕을 둔 우정만이 영원하다.

나는 이재명 지사와 선에 바탕에 둔 우정을 나눌 수 있으면 좋으련만, 아무래도 서로가 그럴 처지는 아니다.

나는 이재명 후보가 지닌 정치적 유용성을 팬으로서 즐겁게 누리련다.

'빠'는 어리석게도 선의의 비판조차 악의 비난으로 보는 맹목적인 못된 성질을 부린다. 그래서 나는 팬이 좋다.

05 _ 새로운 진보

'보수와 진보 가운데 누가 옳으냐?' 만큼 쓸데없는 물음은 없을 것이다. 특히 우리나라에서 말이다. 진보 입장의 인사 중에도 형편없는 사람이 있고, 보수 인사 중에도 나름대로 양심적인 사람이 있다.

'무엇이 진보고, 무엇이 보수냐?' 만큼 애매모호한 물음도 없을 것이다.

나는 '상식common sense'에 바탕을 둔 사회에서만 보수와 진보란 두 개념의 구분이 가능하다고 생각한다. 유교사회에서 식민지체제를 거쳐 민주주의로 바로 들어온 우리 사회는 아직 민주주의에 대한 상식이 부족하다고 생각한다. 그렇다고 민주주의에서 '상식이 무엇이냐?'로 넘어가면 무척 어려운 물음이 된다. 사회학적 용어로 풀이하려면 두꺼운 책 한 권도 모자랄 것이다.

〈상식〉이란 책을 내어 미국 독립선언과 프랑스대혁명에 지대한 영향을 끼친 토마스 페인Thomas Paine; 1737-1809을 이 글에 모시고 올 수도 없다.

그러니 '물은 물이고, 산은 산이다.'라는 상식으로 이 글을 풀려고 한다.

내가 생각하는 보수는 과거의 습관과 관습 또는 제도 가운데 미덕이라 생각하는 것을 지키려는 기득권의 사고방식이다. 이를테면 부지런히 돈을 많이 벌면 미덕이다. 사회는 돈 많이 버는 자유를 보장해야 한다고 생각하면 보수다.

보수가 내세우는 미덕이 인간의 '자유와 평등과 존엄'을 훼손하거나 억압한다면, 이에 이의를 제기하는 사고방식이 진보이다. 돈을 많이 번다는 것은 특혜와 반칙이 많이 작용한다. 반칙으로 노동을 억압하면서 돈을 번다는 것은 규제해야 마땅하다고 생각하면 진보이다.

그런 의미에서 나는 진보의 상식을 좋아한다.

도무지 이해할 수 없는 우리 사회 상식의 한 예를 보자.

정치적인 결단을 할 때 안보를 강조한다면 보수 정치인이다. 그런 안보를 운운하는 보수의 대부분은 석연찮은 이유로 군대 가지 않은 사람이 많다. 상식에 한참 벗어난 인사들이 우리나라 보수정치의 주류를 이루고 있다. 우리의 보수는 상식적이기는커녕 위선적이다.

짧다는 개념은 홀로 있을 수 없다. 상대적으로 더 긴 것이 있을 때 짧다는 개념이 생긴다. 1m는 1cm보다는 길지만 1km보다는 짧다. 진보는 절대 개념이 아니다. 보수의 상대 개념이다. 모든 개념은 절대적이 아니라 상대적이다. 우리처럼 의미 있는 보수가 없다면, 상대적으로 무엇이 진보의 가치인지를 규정하기 힘든다.

보수가 기업의 이익을 우선한다면 진보는 상대적으로 노동자와 약자를 배려한다. 다시 말해 지금의 신자유주의 정치 풍토에서 '기업하기 좋은 나라'를 내세우면 보수, '노동하기 좋은 나라'를 내세우면 진보라고 상식적으로 분류해 보자.

성남시의료원이 이재명 시장과 조승연 원장의 협동으로 개원했다면 성남시의료원은 한국의료혁명의 메카가 되었을 것이다. 그랬다면 나는 쿠바의 의료제도를 크게 부러워하지 않았을 것이라는 생각이 떠오른다.

나는 골똘히 생각할 수밖에 없다.

누구에게나 건강만큼 중요한 것은 없다. 때문에 공공의료 확립은 최선의 복지다. 정부와 지자체는 국민 모두에게 최소한의 건강을 보장하면서 의료사각지대를 없애야 하는 의무가 있다. 이를 위해 병원의 수익보다는 가난한 사람을 배려하는 공공병원을 만들어야 한다. 이것이 진보의 실천 상식 아닌가.

관념이 아니라 실천 속에서 보수와 진보를 구별하자. 성남시의료원을 통해 복지의 핵심인 공공의료를 실천하려던 이재명은 현재 우리 사회에서 가장 진보적인 정치인이라고 할 수 있다.

의료가 본업인 나로서는 뛰어난 의료복지 개념과 실천에 앞장선 이재명은, 성남시의료원 설립 하나로도 귀중하게 생각해야 할 인물이다.

2020년 8월 코로나 사태를 계기로 공공의료를 확충하자는 정부안에 대해 다수의 의사와 의대생들은 죽기 살기로 반발했다. 우리나라 의료인들의 머리에는 기득권 유지와 상업의료 확대가 가득 차 있다. 공공의료의 가치는 대다수 의사의 관심사가 아니다.

변호사 이재명이 예리한 사회의식으로 우리나라를 지배하는 상업의료와 빈약한 공공의료의 딜레마를 포착했다는 것은 정말 놀랄만한 일이다.

후임 성남시장 은수미는 성남시의료원의 개원을 앞두고 공공의료를 포기하고 신자유주의적 영리병원으로 바꾸겠다고 했다. 조승연 원장을 비롯해 시민사회 관계자들과 갈등이 심하게 일어났다. 조승연 원장은 쫓겨나다시피 성남시의료원을 떠났다. 그러면서 개원이 자꾸 미루어졌다. 나는 그 뒤 성남시의료원을 둘러싼 갈등을 '건치신문'과 진보언론 매체를 통해 보았다.

우리 사회는 진보의 가치를 폄하하여 그 가치를 어떻게든 깎아내리려고만 하는 습성이 무척 강하다. 정치권에서도 진보적 가치를 내세우면 두려움이나 견제의 대상이 된다.

당시 성남시장 이재명의 성남시의료원 설립 동기와 설립과정은 우리 의료사에서 진보의 가치가 빛나는 사업이었다.

06 _ 공공의료와 쿠바

삶에서 기본적으로 필요한 것은 의식주衣食住, 입고 먹고 자는 문제다. 그러나 현대 생활에서 입는 것은 이제는 사치의 기능으로 삶에 거의 영향을 끼치지 않는다. 아직도 먹는 문제를 해결하지 못하고 굶주림을 겪는 사람이 많다. 자는 집 문제는 선진국 문턱에 들어선 우리나라에서도 아주 뜨거운 감자다.

먹고 자는 것 다음으로 중요한 것은?

건강해야 삶을 제대로 누릴 수 있지 않을까. 그렇다면 이제 삶의 기본은 의식주醫食住라 할 수 있다. 모든 국민에게 건강을 지키는 의료제도 마련은 국가의 필수 의무가 되었다. 좋은 나라가 되려면 좋은 의료제도 확립을 국민 복지의 핵심 권리로 삼아야 할 것이다.

의사 출신 쿠바 혁명의 영웅 체 게바라는 말했다.

한 사람의 생명은 전 지구상에서 가장 부자인 사람의 전 재산
보다 훨씬 더 가치가 있다.

이 말은 건강을 잃으면 삶을 잃는 것과 마찬가지이니 건강은 무엇
과도 바꿀 수 없는 소중한 것임을 강조했다고 할 수 있다.

모범적인 의료제도를 갖춘 곳으로는 북유럽의 나라들이 있다. 그리
고 잘 사는 북유럽의 의료제도에 못지않은 제도를 갖춘 나라가 쿠바다.

쿠바는 1959년 혁명을 통해 사회주의를 실시했다. 쿠바의 역사를
들여다보면 '의식주'를 해결하기 위해 사회주의 혁명을 한 셈이다.
좀 더 설명하자면 무상에 가까운 주택 임대, 대학까지 무상교육, 모
든 질병의 무상의료를 실현하기 위한 혁명이었다고 해도 지나친 말
이 아니다. 쿠바 혁명의 주역들은 엇길로 가지 않았다.

나는 2018년 7월, 무상의료를 실현한 공공의료의 모범국가인 쿠
바의 모습을 보기 위해 쿠바 기행을 했다. 그러면서 공공의료에 대한
이해를 넓히고 깊이 볼 수 있었다.

쿠바에 가기 얼마 전, 미혼모가 고시촌에서 아이를 기르다가 아이
가 죽은 사건을 언론에서 보았다. 아이는 선천적 기형을 안고 태어났
으나 합당한 치료를 제대로 받지 못했고, 분유값 조차 마련할 수 없
는 생활고가 겹쳐 결국 영양실조로 죽은 것 같았다.

국민소득 3만 불, 의사 평균 월 소득이 1천 3백만 원으로 추정되
는 한국에서 일어난 사건이다. 돈 없으면 목숨도 포기해야 하는 것이
한국의 의료제도이다.

쿠바 문화를 체험하러 갔다가 10살 아래 쿠바 남성과 결혼한 정호현 독립영화감독 증언에 의하면, 쿠바에서는 임신하면 의무적으로 마을진료소를 찾아야 한다. 정 감독이 처음 진료소를 찾아갔을 때 달랑 하나뿐인 너덜너덜한 침대와 허접한 환경에서 일하는 의사까지 의심했다. 그러나 그는 곧바로 그것이 기우라는 걸 깨달았다.

국민소득 5천불 가량, 의사 월급이 우리 돈으로 5만 원에서 10만 원 정도인 쿠바의 유아사망률은 최고 의료수준을 자랑하는 미국보다 낮다. 쿠바의 평균 수명은 아주 잘 사는 미국인과 비슷하다.

나는 임신 2개월부터 8개월까지 쿠바에 있었고 산부인과를 신랑이 신부 찾듯 다녔다. 내 생각에 너무하다 싶을 정도로 쿠바 정부는 임산부를 철저히 관리했다.

일단 임신을 하면 마을진료소Consultorio; 콘술또리오에서 임산부 카드를 작성하고 임산부 관리 프로그램에 들어가게 된다. 감동을 가장 많이 받은 프로그램은 심리 상담이었다. 쿠바 임산부들은 반드시 남편과 같이 심리 상담을 받아야 한다.
임신은 계획한 것인지, 임신으로 인해 심리적 고통은 없는지 등에 대해 심리 상담을 받은 후, 담당 의사가 더 이상 상담을 받지 않아도 된다고 서명을 하고 나서야 마을진료소에서 다음 프로그램을 진행한다.

마을진료소 산부인과 의사는 매번 임신 상태를 손으로 체크한 다음 각 시기에 필요한 검사를 위해 임산부를 검사기구가 있는 병원으로 보낸다. 임신 몇 주에는 어느 지역 어느 병원으로 가서 초음파를 하고 임신 몇 주에는 어느 병원으로 가서 기형아 검사를 하는 식이다.

마을진료소는 심지어 임산부 집을 방문해서 주거환경까지 기록해 간다. 햇볕이 잘 드는지, 필요한 영양제는 잘 먹고 있는지, 가족들이 임산부를 잘 돕고 있는지를 꼼꼼히 체크한다.

- 또 하나의 혁명 쿠바 일차 의료, 린다 화이트포드,
로렌스 브렌치 지음, 최명철 외 옮김, 2010.

쿠바 의사들은 도덕적 자부심과 윤리적 수준이 매우 높다. 월급은 많이 받아야 우리 돈으로 10만 원 정도인데도 말이다. 쿠바 의사들이 쿠바 일반 노동자 수준의 월급을 받으면서도 양심을 지키는 근원적인 동기는 의과대학을 졸업할 때까지 무상교육에 힘입은 바가 크다. 의과대학에서는 기숙사비도 무료이고 용돈까지 받는다고 한다.

쿠바는 '평등을 배려한 무상교육'으로 의사를 양성하며 무상으로 교육받은 의사는 '평등에 바탕한 배려의 의료'를 국민에게 제공하고 있었다.

쿠바의 라틴아메리카의과대학은 1998년 해군기지를 개조해 만든 학교로 외국인에게도 개방해서 무상교육을 하고 있다. 이 학교를 설립한 1998년도는 쿠바 경제가 곤두박질칠 때였다. 그런데도 쿠바 정부는 국방비를 줄여 의료예산을 늘렸다.

2000년대 중반 영국의 의사와 의료종사자 100여 명은 쿠바 의료

계를 2년 동안 시찰했다. 한 의료진은 이렇게 말했다.

> 사람들은 걸핏하면 GDP로 빈곤을 판단하는 경향이 있지요. GDP로 따지면 쿠바는 꽤 가난합니다. 하지만 인적자원 면에서는 아주 풍요로운 나라입니다. 쿠바의 페밀리 닥터가정 주치의가 맡는 환자 수가 300명이란 말을 들으면 영국 의사들은 깜짝 놀랍니다. 영국 의사가 맡아야 하는 환자 수는 1,800명이거든요.

쿠바 혁명의 주역 피델 카스트로는 의학 발전을 뜨겁게 소원했다. 의료는 아이들, 이 세상의 모든 아이를 치료하는 거룩한 일이다. 그리고 수천 명의 쿠바 의사들이 지구상의 많은 나라에서 가난한 사람들을 치료하고 있다. 인도주의적 동정심과 국제주의적 협력으로 똘똘 뭉친 카스트로의 야심은 전 지구에 의료 지식을 널리 알리는 것이었다.

터무니없는 꿈일까?

내가 이런 쿠바의 의료 정신과 실천에 어떻게 놀라지 않을 수 있겠는가.

1959년 1월 1일 쿠바 혁명은 성공했다. 혁명정부는 다음 달인 2월에 일찌감치 장대한 목표를 내걸고 농민기술, 의료, 문화지원국을 창설하여 가난한 농민들의 의료개선에 착수했다.

다음 해인 1960년 6월에 '복지의료는 국가의 책무이며, 모든 사람이 건강할 권리를 갖는다.'고 선언하고 전 국민 무상의료를 위한 개혁을 시작했다.

급진적인 의료 개혁으로 당시 6천명이던 의사 2/3가 해외로 빠져나가고 2천명만 남았다. 때문에 1960년대 전반에는 국민 건강에 심각한 영향을 미쳤다.

    - 의료천국, 쿠바를 가다, **吉田太郎** 지음, 위정훈 옮김,
        도서출판 피피에, 2011.

요시다 다로가 책을 쓸 당시 쿠바에는 25개 의대가 있었으며 의사 수는 13만 명 정도였다. 인구와 소득 수준은 우리의 1/5에 불과한 나라가 의사 총수는 우리나라와 비슷하고, 암과 심장이식 수술까지 모두가 무료이다.

의과대학까지 무상교육을 받은 쿠바의 젊은 의사는 이렇게 말한다.

돈이 인간보다 가치 있는 것이면 유감이다. 나는 병이 아니라
인간을 진찰하고 있다.

대한의사협회는 보험 적용을 확대하면 수입이 줄어들까 봐 적극 반대하고 있다. 지난해에 전 세계적으로 코로나가 대유행하면서 정부는 공공의료를 확대하기 위해 의과대학을 설립하려 하자 의사들은 물론 의대생까지 파업과 휴업을 하며 극렬 저항했다. 의대생들은 국가자격시험마저 거부했다. 의과대학 증설로 의사들을 더 많이 배출하면 수입이 줄어든다는 속내였다.

이런 점을 생각할 때 쿠바의 평범한 의사는 얼마나 성숙했는가! 그 철학과 휴머니즘은 우리보다 한 세기는 앞서지 않았을까.

나는 경제적으로는 우리보다 훨씬 못 살지만 국가의 의료제도와 의사의 의료철학만큼은 세계 최고 수준을 자랑하는 쿠바의 의료가

몹시 부러웠다. 쿠바의 의료 모델은 앞으로 우리 의료제도의 좋은 참고 모델이 되어야 하고, 나아가 남북 교류가 활성화되면 한반도 전체 의료 모델의 귀감이 되어야 한다고 기대하고 있다.

쿠바는 미국의 경제봉쇄로 약품과 의료장비가 부족하여 애를 많이 먹는다. 쿠바의 의료제도와 의료인은 훌륭하지만 미국의 경제봉쇄로 의료 물자 부족에 시달려 의료천국이라 보기에는 아직 부족하다. 그러나 의료인의 순수한 히포크라테스 정신은 펄펄 살아있다.

쿠바에 칼릭스토 그라시아 장군GENERAL CALIXTO GARCIA이란 병원이 있다.

칼릭스토 그라시아 장군은 19세기 말 쿠바 독립전쟁을 이끌었다. 굳이 우리로 치면 녹두장군 전봉준이라 할 수 있다. 병원 입구에는 의사였던 혁명가 체 게바라의 사진과 어록이 입구에 간판으로 걸려 있다. 쿠바는 역사 인물을 삶의 현장에 구체적으로 나타낸다.

나는 성남시의료원도 성남에서 활동하지는 않았지만 빈민을 위해 평생 노력한 제정구 선생의 이름을 따 '제정구의료원'으로 하던지, 아니면 성남 출신의 역사적 인물 이름으로 병원 이름을 지었으면 좋겠다는 생각을 해본다.

제4장

억강부약 抑强扶弱

01 _ 내일에 대한 희망

20세기의 위대한 수학자이자 논리학자이며 철학자인 화이트헤드 Alfred North Whitehead: 1861~1947가 쓴 〈이성의 기능〉에 나오는 내용이다.

인간은 환경에 능동적으로 대처하는데 3종의 충동이 자리하고 있다.
1. 산다.
2. 잘 산다.
3. 더 잘 산다.
다시 말해 삶의 기술이란,
첫째 생존하는 것이며,
둘째 만족스러운 방식으로 생존하는 것이며,
셋째 만족의 증가를 획득하는 것이다.
　　- 이성의 기능, 화이트 헤드 지음, 김용옥 번안, 통나무, 1998

화이트헤드는 이성의 기능이란 삶의 기술 증진이라고 했다.

나는 화이트헤드의 '이성의 기능'을 더 넓혀 풀이한다면 '정치의 기능'으로 확장할 수 있다고 생각한다. 정치의 원초적이며 궁극적 기능은 국민을 '더 잘 살게' 하는 것, 다시 말해 국민의 만족을 증가하게 하는 것이 아닐까?

정치 행위에서 그 외에 무엇이 더 필요한가?

2021년 7월 1일 이재명 대선 후보는 출마선언에서 자신의 정치 의지를 이렇게 표현했다.

국민이 국가를 만들고 함께 사는 이유는 더 안전하고 더 나은 삶을 위해서 입니다.

그래서 '내일은 오늘보다 더 나을 것인가'라는 질문에 정치는 답해야 합니다.

이재명 후보는 그 실천 의지로 강한 자를 억누르고 약한 자를 도와주는 '억강부약抑强扶弱'을 정치 행위의 핵심으로 내세웠다. 반칙과 특권으로 쌓은 소수의 권력과 금력을 억누르고, 반칙과 특권에 희생된 다수의 권리를 찾아주는 정치를 하겠다고 했다.

이는 어찌 보면 상당히 진부한 정치적 발언이라고 할 수도 있다. 하지만 나는 갈수록 깊어가는 우리 사회의 양극화를 해결할 수 있는 근원적인 정치 해답이라고 생각한다. 민주화 이후의 정치적인 사고방식으로 정치 무대를 새롭게 하려는 이런 논리와 철학이야말로 정치가의 진정한 임무가 아닐까.

현존 인간의 능력으로 최상의 정치를 구현할 수는 없을 것이다.

왜 이재명인가?
- 기본소득과
  억강부약

다만 최선을 다하는 정치로 역사의 전진을 이룬다면, 절망에 빠진 우리 젊은이들이 '내일은 오늘보다 더 낫다'는 희망을 지닐 수 있으리라!

더불어민주당은 올해 6월 종부세 부과 기준을 공시가격 9억 원에서 '상위 2%'로, 양도소득세 비과세 기준을 9억 원에서 11억 원으로 완화 조정했다. 초거대 여당인 더불어민주당은 일반 국민의 열망보다 소수 부자들의 저항을 우려한 것이다. 대다수 서민과 젊은이들은 부동산 폭등으로 고통을 받고 있는데, 세제 완화로 우리나라 2,050만 가구 중 비교적 부유층인 8만여 가구만 덕을 본다고 한다.

과세 기준 완화로 부자들의 1백만 표를 얻는 효과를 본 것이라고 주장하는 더불어민주당 부동산특별위원회 위원장 김진표의 언론기사를 보았다. 우리나라 정치인들이 부자들을 잘 배려하듯이 김진표 역시 늘 부자의 이익을 대변해온 자이다. 그는 그들을 여론 주도층이라 우기며 비위를 거스르지 않으려고 한다.

지금 더불어민주당은 강한 자를 억누르고 약한 자를 도와주는 억강부약抑强扶弱 정책이 아니라, 강한 자를 도와주고 약한 자를 억누르는 부강억약扶强抑弱 정책을 펴고 있다.

우리나라는 경제 규모는 21세기에 들어 서방 주요 경제국 G7 국가들과 어깨를 나란히 할 정도이고, 문화 영향력한류은 세계 정상급으로 성장했다. 그런데 여당인 더불어민주당의 정치력은 지나간 20세기에 머물고 있는 것은 아닐까?

02 _ 암기식 교육과 토론 문화

1990년대 유행했던 말싸움의 속성을 잘 표현한 인터넷 우스개가 있었다.

A라는 사람이 '난 짜장면이 좋다'고 했다. 그러자 B라는 사람이 '짜장면이 뭐가 좋아, 우동이 좋지'라고 논쟁을 시작했다. C라는 사람이 끼어들어 '짜장면이나 우동보다 역시 짬뽕이 최고야' 라고 논쟁을 키워갔다.

이렇게 짜장면의 맛에 대한 주제는 사라지고, 중구난방 제 목소리만 키우는 난장판으로 논쟁이 변질된 과정을 아주 재치있게 표현했다.

'기본소득'은 논란이 많은 정책이다. 경제 지식에 깊이도 있어야 하고, 경제 철학에 확고한 신념도 있어야 한다. 그런 만큼 수준 높은 토론을 통하여 협의에 이르러야 할 것이다.

그런데 우리 사회에서 병폐 중의 병폐가 토론 부재 또는 토론 기술이 모자란다는 문제다. 비판할 것을 비난한다거나 비판을 비난으로 받아들이는 경우가 많다.

토론을 하다 보면 논의 주제는 사라지고 흔히 말꼬리 잡기 식의 말싸움 논쟁으로 이어지는 경우를 자주 볼 수 있다. 어떤 때는 토론을 하다가 나도 모르게 이런 말싸움에 휘말렸다가 후다닥 정신이 든 경우도 있다. 방송 토론에서도 아예 말꼬리 잡기를 작정하고 출연하는 경우를 심심치 않게 본다. 특히 정치 관련 토론이 심하다.

토론은 자기가 하고 싶은 말을 일방적으로 쏟아내는 게 아니다. 토론은 찬성과 반대가 있는 확실한 주제에 합리적 근거 있는 논리로 자기주장을 펼치는 말이나 글이다. 토론은 상대가 있다. 스포츠 경기 이상으로 엄정한 규칙을 지키며 형식적인 제한을 따라야 한다. 자기주장을 펼치되 상대방의 말을 주의 깊게 들어야 하며, 반론을 말할 때는 근거 자료를 제시해야 한다. 한 쪽에서 반증을 제시하면 상대방은 반증에 상응하는 논리가 나와야 한다.

상대의 말을 받아들이려고 노력하지 않는 사람이 있다. 자기주장만 있을 뿐인 꽉 막힌 사람들이다. 짜장면을 논하려고 하는데 우동과 짬뽕이 끼어든다. 근거를 제시하며 반론을 해도 자기 의견을 앵무새처럼 반복할 뿐이다. 그런 태도를 '선명성 또는 일관성'이라고 생각하는 고집불통이 있다. 남의 이야기는 주의 깊게 듣지 않고 자기 생각만 하다가 엉뚱한 말이나 처음 뱉은 말을 되풀이한다.

한 사물이나 한 사건만 보더라도 바라보는 다양한 시각과 무수한 해석이 있다.

피카소의 말이다.

진실이 하나만 존재한다면 동일한 화제畫題;테마로 그렇게 많은
그림을 그릴 수 없다.

불교적 관점으로 보자면, 진실 하나에도 갠지스강의 모래알만큼
많은 사실이 겹쳐 있다. 아무리 어마어마한 통찰력을 지녔을지라도
인간의 지식은 모래밭에 있는 한 줌 모래에 지나지 않을 것이다.

그래서 상대방의 시각과 의견과 해석을 존중해야 한다. 상대방을
존중하려면 상대방이 말할 때 귀를 기울이고 그 주장하는 핵심을 파
악하려고 노력하여야 한다. 상대방과 다르게 본다면 근거있는 논리
로 조리 있게 반박해야 한다.

토론 상대방의 생각을 듣지 않고 핵심을 파악하려 하지 않으면 토
론은 과열되고 고성이 오가기 쉽다. 상대방이 내 생각의 핵심을 파악
해 주기를 바란다면, 나도 상대방을 이해하려고 노력해야 한다.

'내가 상대방에게 무시당하고 싶지 않은 일 또는 싫어하는 일을
나 자신도 상대방에게 하지 마라.'
이것은 예의이고, 모든 윤리에서 황금률이다.

우리 사회의 토론 문화는 상식적이지 않을 때가 많다. 도무지 이
해할 수 없을 때도 더러 있다. 우리 사회를 오랫동안 지배해온 권위
적인 군사문화의 영향으로 민주주의 방식에 아직 서툴러서인지, 아
니면 암기식 공부에만 매달려 성찰하는 습관을 기르지 못한 탓인지,
어쨌든 토론 문화가 매끄럽지 못한 것은 사실이다.

토론에서 상대방이 논의를 제기하면 적절한 반응이 나와야 한다. 그러나 논의를 제기한 문제에 적절하게 반응하는 것이 아니라 자기가 암기하고 있는 범위 안에서만 응답하기 바쁘다. 암기 능력으로 단답식 정답을 찾는 능력만 키웠지, 질서 있게 이야기를 주고받는 훈련을 하지 않은 것은 우리가 받은 교육의 병폐다. 때문에 위트와 유머가 있는 토론을 보기 힘들다. 맹목적 찬성 또는 반대와 비방과 비난이 있을 뿐이다!

암기에는 상대가 필요 없다. 암기는 수학의 답처럼 절대만 찾는다. 토론은 자유로운 사고로 진행하기 때문에 절대가 없고 상대방이 있다. 적절한 질문이 있으면 상황에 맞는 적절한 답변이 나와야 하지만 일반적으로 기억에 저장한 암기 지식을 끄집어내어 사용한다. 그러나 이 암기 지식은 편견확증편향이기 일쑤다. 편견을 조합해놓고 생각한 것처럼 말한다. 그러니 우리 사회는 토론 수준이 낮은 것이 아니라 토론을 펼칠 능력이 아예 없다고 봐야 할 경우가 많다.

숫타니파타Sutta nipata는 불교 경전 가운데 가장 오래되고, 가장 중요한 경전이다. 이 경전의 '문답 소편小篇'을 보면 붓다는 어설픈 토론과 논쟁을 하느니 차라리 침묵하라고 한다.

세상의 학자들은 저마다 서로 다른 견해를 고집하면서 의견을
달리하여 싸우고 있다. 스스로 진리의 숙달자라고 자칭하면서
여러 가지 논쟁을 일삼는다. '이것을 안 사람은 진리를 아는 자
이며 이것을 비난하는 사람은 불완전한 자'라고 말하면서.

붓다는 이미 2,500년 전에 논쟁에 휘말리지 말라고 했지만, 그 긴 시간이 지난 지금의 우리 사회에서 벌어지는 논쟁은 여기에서 몇 발자국이나 벗어났을까. 흔히 선생이나 교수들은 학생들에게 비판의식이 부족하다고 한다.

암기한 지식으로만 주장하거나 풍문을 거론하며 이야기하는 자세로는 근본적인 비판이 있을 수 없다. 자기 지식의 신념만 진리고, 다른 이의 지식이나 신념은 다 어리석다고 할 때 어떻게 비판이 성립할 수 있겠는가.

종교가 그러하며 학문 영역에서도 마찬가지이다. 자기주장만을 옳다고 일삼고, 남의 주장은 그르다는 논쟁은 우리 사회의 심각한 병폐다. 모두가 서로 똑같이 고함치지만 아무도 자신의 어리석음을 모른다. 사회집단가 분열한다 하더라도 자신의 이익만 챙긴다.

서로 다투는 논쟁을 초월하여 진정한 깨달음지혜에 이르는 길은 있다. 사색과 몸 훈련수행을 통해 깊은 깨달음에 이른다는 것은 이기고 지는 논쟁과 전혀 차원이 다르다. 위대한 성현이 그러하다. 상대를 압도하는 절대의 경지를 현실 정치에서 요구하는 것은 아무래도 무리다.

토론이란 자기가 하고 싶은 말을 실컷 하는 게 아니라, 먼저 상대의 말을 주의 깊게 듣는 자세가 기본이어야 한다. 토론의 기본을 살펴보면 토론자의 품격을 가늠할 수 있다. 대통령 후보 선출을 위한 정당들의 토론도 가관이다. 상대방을 쿡 찔러서 자위적인 쾌감을 얻을 게 아니라, 논쟁을 통해서 국민의 가슴을 뜨겁게 달구는 진실과 열의 그리고 비전을 보여주어야 한다.

중국의 사상가 위원魏源, 1794~1857은 이런 말을 남겼다.

나라에 하나의 바른 의론이 있다면 반드시 이런저런 용렬한 주
장이 나와 그와 대항하고, 위대한 책략이 있다면 또 반드시 이
런저런 용렬한 책략이 나와 이를 방해한다.

우리 사회에서는 지적 탐구를 통해 문제 상황을 지혜롭게 파악하
기보다는 지식의 양으로만 우격다짐하며 문제 상황을 자의적으로
해석하는 너그럽지 못한 부류가 많다. 그러나 지식의 양과 지혜로움
은 별개의 문제이다. 지식만으로는 결코 지혜로울 수가 없다. 우리
사회에서 전문직에 있는 사람일수록 이런 경향이 심하다.

다시 말해 많이 배운 사람일수록 그리고 전문직에 종사하는 사람
일수록 토론에서 순진하지 않고, 너그럽지도 않으며 지혜롭지 않다
는 사실이 우리 사회의 비극이 아닐까?

좋은 말은 좋은 말이고, 좋은 정책은 좋은 정책이구나 인정하는
순수함을 우리 지식계와 정치권에서는 빨리 되찾아야 할 것이다.

우리 사회에서는 불법과 특혜에 희생당한 사람들에게 연민을 느
낀다고 하면서도 일부 정치권과 지식인층은 '기본소득'을 순수하게
받아들여 진지한 토론을 할 생각은 하지않고 오로지 정쟁의 수단으
로만 삼고 있다.

나는 아름다운 무지개를 보면 어린애처럼 가슴이 뛰는, 그렇게 나
이 드는 사람이 되려고 노력하리라!

03 _ 체납자와 출국금지

채찍 소리가 나지 않으면, 사자는 조련사를 공격합니다.
아무 소리도 내지 않고 사자는 조련사를 덮칩니다.

사자가 힘센 권력자 또는 기득권자라면, 조련사는 통치자라고 비유할 수 있다. 통치에는 인격적인 원칙보다는 탁월한 용인술이 더 효율적이라는 뜻이다. 이를테면 촛불 정부에서 검찰총장과 감사원장이 조련사 대통령을 덮친 사자라는 생각이 든다.
다음은 이재명 성남시장이 대구에서 한 강연을 정리한 것이다.

성남 분당구 정자동은 우리나라 최고의 부촌이라 한다. 사업에서 은퇴하고 번잡한 강남에서 살기보다 덜 번잡한 분당 정자동으로 이사 온 부자들이 많다. 이 중에서 많은 이들은 세금을 잘 내지 않는다고 한다. 강남에서 사업하며 살 때는 세금을 내지 않을 수 없었으나, 사업을 그만두고서는 나 몰라라 하는 식으로 세금을 내지 않는 사람이 많다고 했다.

나는 공무원 100여 명을 선발해서 탈세한 사람들에게 매일 전화하거나 집으로 찾아가서 독촉하게 했다. 집을 찾아가도 탈세자들은 문을 열어주지 않았다. 특히 아파트는 무인 경비라 더욱 어려웠다.

시장인 나는 하다못해 색다른 전략을 짰다. 이들에게 출국금지령을 요청했다. 이런 부자들은 외국 골프 여행을 즐기는데 출국금지를 당하니 생활에 활력을 잃게 되었다. 그들은 탈세금을 내지 않을 수 없었다.

이재명은 출국금지라는 채찍으로 돈 많은 사자들을 조련했다.

성남시장 이재명은 부자들의 저항을 두려워하지 않았다. 탈세를 끝까지 추적하여 악착같이 채찍을 휘둘렀다. 성남 분당 정자동 부자들은 이재명을 빨간 색안경을 끼고 가소롭게 보았다. 2014년 성남시장 선거 때, 각 동네 노인 모임에서 이재명을 빨갱이로 성토하는 낙선운동을 벌였다.

2010년 성남시장 선거에서 이재명은 부촌인 분당구에서 44.63%를 얻었다. 2014년 재선 선거에서는 53.8%를 얻었다. 부자들의 성토에도 불구하고 10%가량 더 득표했다. 2018년 경기도지사 선거에서도 거의 비슷한 53.7%를 얻었다.

이재명의 득표 결과는 무엇을 말하는가?

약삭빠른 정치인은 소수의 부자 이익을 대변하는 게 정치적으로 이익이라고 생각한다.

소수의 부자들 비위를 거슬러도 다수의 일반 대중에게는 더 많은 호응을 얻는다는 것을 이재명은 증명했다. 도덕 불감증 사자에게는 채찍이 효과적이라는 걸!

사자의 본능은 공격성이다. 부자들의 본성도 사회의 허점을 파고 드는 공격성이 강하다. 탈법, 특혜를 저질러 결과적으로는 사회적 약자를 희생의 발판으로 삼았다. 그들에게 공정이란 채찍을 사용하지 않는다면 착취라는 약육강식의 본능을 통제할 수가 없다.

선거 체제에서는 표수가 당락을 좌우한다. 부자도 1표, 서민도 1표다. 부자가 20%라면 서민은 80%가 된다. 과거엔 여론 주도층이라는 부자들이 서민들의 투표성향에 영향을 미친 때가 많았다. 아직도 고리타분한 정치인은 과거 습관에 매여 부자들에게 머리를 조아리는 습성이 그대로 남아 있다.

이제는 그동안 반칙에 희생당한 서민들을 당당히 주인으로 내세워야 한다. 억강부약이란 부자를 감정적으로 미워하는 것이 아니다. 힘을 믿고 반사회적인 처신을 하는 그들에겐 공정의 채찍이 필요하다. '억강부약'이라는 채찍이!

제도의 잘못을 고치려고 기득권의 저항에 죽을 힘을 다하여 극복하며 꿈꾸는 자를 역사는 돈키호테라고 부른다.

세르반테스가 400년 전 창조한 꿈꾸는 인물 돈키호테는 인류의 모든 소설에서 가장 사랑받는 주인공이다. 어처구니없어 보이는 공상가이며 경솔한 돈키호테가 왜 인류의 사랑을 받고 있을까? 인간이 지닌 편견과 사회 제도의 모순을 타개하려는 무모한 돈키호테에게서 역설적인 희망을 보았기 때문이다.

돈키호테가 나타난 지 400년이 지난 지금 21세기는 민民이 주인主人인 사회이다.

인류가 그동안 성숙했다면 돈키호테의 광기와 몽상을 이제는 현실로 만들어야 한다.

억강부약을 꿈꾸는 이재명을 광기를 지닌 몽상가 돈키호테로 볼 것인가?

서로 물고 뜯는 정글 같은 신자유주의 경제체제에서 아름다운 정치인이 될 수 있을까?

이재명 후보가 가난한 자를 먼저 배려하는 정치를 펼친다면, 그는 아름다운 정치인이리라!

아름다운 정치인의 임무는 문제가 생기면 겉으로 드러난 현상만 타개하는 것이 아니라, 제도에서 발생하는 문제의 근원을 살펴 제도 자체를 변화하게 하는 것이다.

탐욕이 강한 자를 누르고 탐욕에 희생당한 약한 자를 돕고 북돋우는, 억강부약이야말로 진정 아름다운 정치다!

이재명은 우리의 삶을 바꿀 희망의 돈키호테다!

04 _ 계곡 유원지

경기도가 유원지 계곡의 불법 상인을 다 몰아내고 계곡을 청정하게 되돌려 놓았다는 기사를 보았다. 나는 그제야 계곡의 영업이 불법이라는 걸 알았다. 과거 손녀와 즐겁게 놀았던 아름다운 추억이 불법이라는 사실을 내 머리에 입력할 여지를 주지 않았다.

그러면서 생각해 보았다. 우리 사회 관행에서 오랫동안 불법 장사를 한 상인을 몰아내는 것은 엄청 어려운 일인데 어찌 말썽 없이 처리했을까? 더구나 주말에는 엄청난 매상이 예상되는 돈방석 영업이기에, 상인들의 저항이 극렬했을 텐데 말이다.

6월초 경기도와 관련 있는 사람과 술자리에서 이 건을 물었더니 명확한 답이 돌아왔다.

경기도는 각 지자체 계곡 담당 공무원에게 지시하여 상인들이 자진 철거하도록 했다. 만약 상인들이 철거하지 않겠다고 버티면 담당 공무원을 엄중 징계하겠다고 했다. 담당 공무원은 발등에 불이 떨어졌다. 생각해 보면 이런 버젓한 불법은 공무원과 상인들이 유착하지 않으면 일어날 수 없는 경우가 많다는 게 상식이다.

아마 담당 공무원은 상인에게 자신이 징계받으면 유착 관계를 밝히지 않을 수 없다고 했을 수도 있다. 약삭빠른 상인들도 공무원들이 징계받으면 유착한 대가를 치르는 처벌을 받지 않을 수 없다고 생각했을 것이다. 그동안 탈법으로 영업을 했으니, 이쯤에서 순순히 물러나는 게 득이라는 걸 아마 상인들은 깨달았을 것이다.

이런 식으로 상인들이 말썽 피우지 않고 물러서도록 했다. 대신 경기도는 이 수려한 계곡에 예산을 투입하여 산책로인 수변 데크와 휴식 공간, 화장실, 주차장 등을 건립하고 친환경적 계곡을 조성하기로 했다. 누구나 부담없이 편하게 즐길 수 있는 시설로 관광객을 유치하여 주민의 생계 피해를 최소화하고 환경을 보호하는 대책을 마련했다.

이게 이재명의 행정 처리 방식이다. 코로나 사태에서 불법에도 찍소리 못하고 사는 여타 시·도와 달라도 너무나 격이 달랐다. 내가 좋아하는 백숙과 치킨 차이만큼이나 달랐다!

적폐 청산에 혁명이 이상적이겠지만, 우리 현실은 때로는 개혁이 적합할 때도 많다.

현실에서 개혁을 차근차근 실행해 나아가는 이재명 지사의 행정 처리에 큰 박수를 보낸다!

05 _ 거위의 울음

기원전 390년, 북방의 갈리아족이 알프스산맥을 넘어 로마를 침공했다. 언덕에 세워진 로마의 7개 요새는 캄피돌리오 요새만 남고 모두 점령당했다. 갈리아족은 캄피돌리오 언덕을 포위하고 항복을 받으려 했으나 로마는 굶어가면서도 저항을 했다.

어느 날 한밤중에 갈리아족은 언덕을 기어오르는 기습 공격을 했다. 로마 병사들은 깊은 잠에 빠졌으나, 자신들이 기르던 거위 떼가 인기척에 울음소리를 냈다. 이 울음소리에 잠을 깬 로마 병사들은 침입을 알아차리고 결사 저항하여 갈리아족의 침입을 물리쳤다.

캄피돌리오 로마인들은 지독한 굶주림에 지쳤지만 유노 여신의 신전에서 기르던 거위를 신성시하여 잡아먹지 않았다. 그렇게 로마는 거위 덕에 살아남았다.

어떤 심각한 병이 생길 징조를 보내는 신호를 전조증상이라고 한다. 심근경색일 때는 쥐어짜는 왼쪽 가슴 통증, 뇌경색은 얼굴 한쪽이 마비되거나 극심한 두통 같은 순간적인 증상이 있다. 이 증상이 보내는 짤막한 신호를 소홀히 여기다가 생명을 빼앗기는 경우가 많다.

로마 병사들이 거위들의 울음을 그러려니 여기고 계속 잠을 잤다면 로마는 그때 역사에서 사라졌을 수도 있었다.

우리나라는 1인당 GDP 4만 불 돌파를 앞둔 경제 규모에도 산업재해 사망자와 자살률은 세계 최고를 기록하고 있다. 이는 경제 불평등이 깊어간다는 징조이다. 돈벌이에만 눈이 어두운 자본가는 돈이 들어가는 산업현장의 안전에는 투자를 소홀히 한다. 그렇게 번 돈으로 상위 소득자 10%가 전체 부의 약 50%를 차지하고 있다. 상대적 박탈감과 인간의 존엄이 무시당하는 상황에서 많은 사람이 스스로 목숨을 포기한다.

경제 불평등을 일으키는 큰 원인의 하나는 상위 소득자의 부동산 투기다. 투기는 부동산의 폭등을 불러일으켜 소득 하위 계층과 젊은 이들에게 절망과 분노를 자아내게 하고 있다. 다수의 분노와 절망은 반드시 심각한 사회 분열로 이어진다.

2020년 국회의원 총선에서 촛불정권의 더불어민주당은 서울 선거구에서 41:8이라는 압도적 승리를 거뒀다. 그러나 거대 여당은 개혁의 발길은 한 발짝도 내딛지 않고 부동산만 계속 폭등하자 시민의 불만은 임계점을 넘었다.

2021년 서울시장 보궐선거에서 더불어민주당은 국민의힘에 0:49라는 치욕적인 패배를 당했다. 선거 역사상 최악의 패배일 것이다. 국회의원 선거에서 대승을 거둔 지 1년도 안되어 일어난 일이다.

이 패배는 여당 몰락의 전조증상이 아닐까. 하위 소득자와 젊은이들이 보낸 이 신호를 여당이 계속 외면한다면, 2008년 천하의 사기꾼 이명박에게 정권을 빼앗기고 노무현 전 대통령을 죽음으로 몰아간 그 이상의 수모를 당할 것이다.

전조증상을 진지하게 이해하고 대처한다면 소중한 생명을 지키는 도약의 발판이 될 수 있다.

로마 병사들은 거위의 울음이란 경고에 눈을 떠 갈리아족 병사를 물리치고 캄피돌리오를 지켰다. 이 방어로 로마는 도약의 발판을 마련하고 세계의 제국으로 성장할 수 있었다.

부동산 폭등으로 생긴 분노는 미래의 우리 경제에 보내는 경고이자 전조증상이다. 분노한 민심을 달래는 묘약으로 부동산을 많이 가진 자에게 보유세를 강화하고, 서민에게는 집 없는 설움을 달래줄 수 있는 기본주택의 실현과 공공임대주택 확대가 절실하다.

06 _ 중대재해기업처벌법

악덕에 단호히 대처하는 것이 정부의 의무라는 것은 지극히 상식적이다.

정부는 모든 인민에게 애정을 듬뿍 담은 '즐거움'을 주지는 못할 망정 악한 행위를 억제하고 처벌함으로써 자연과 선량한 민중의 '윤리와 안전'을 지키는 것을 제1의 의무로 삼아야 하는 것이 상식이다.

이명박은 수만 년 유유히 흐르는 4대강을 인위적으로 파괴하여 자연 윤리에 대역죄를 저질렀다.

박근혜는 세월호 침몰을 이유 없이 방관하여 꽃 같은 수 백명의 청소년을 차가운 바닷물에 가라앉히고 생명을 빼앗아 인간 윤리에 대역죄를 저질렀다.

이명박근혜는 선거로 선출되었기에 상식적인 사람에게는 민주주의에 깊은 좌절을 맛보게 하였다. 그 좌절은 폭압적으로 정권을 잡은, 깡패보다 더한 전두환에게 가졌던 분노보다도 더 쓰라렸다.

이런 상식이 무너진 폐허에서 촛불은 켜졌다.

병폐, 다시 말해 질 나쁜 유산이 쌓여 적폐가 되면 그것을 쉽사리 극복하기 어렵다는 것은 상식이다.

전관예우란 추잡한 관습을 아무런 죄의식 없이 저지르는 검찰과 사법부의 적폐가 그렇다. 검사나 판사의 최종 목표는 돈을 많이 버는 변호사가 되는 것이다. 이는 명예와 권력을 가진 다음 금력마저 움켜 잡자는 욕망이다. 우리 사회는 이 천박한 자들의 탐욕을, 그들은 배운 사람이라고 하며 그런 행위를 상식으로 여긴다. 판검사로 정년을 마치고 변호사란 돈벌이 유혹을 마다하는 법조인이 우리 사회에서 과연 몇이나 있을까. 어찌 보면 참으로 가소로운 존재들이다.

목을 빳빳이 세우고 누구에게나 마음껏 떠들며 대들다가도 재벌 이야기만 나오면 자라목처럼 움츠리는 국회의원의 적폐가 그렇다. 현직 대통령에게조차 욕설에 가까운 막말을 서슴지 않는 배짱 좋은 '선량'들도 재벌 이야기만 나오면 여야를 막론하고 공손해진다. 내가 과문해서인지 모르지만 고 노회찬 의원 같은 몇몇을 제외하고는 '재벌'의 '재'자를 꺼내는 의원을 나는 못 보았다.

적폐의 가장 큰 원흉은 재벌의 이익에 반하는 노동운동을 억압해온 역대 정권들이다. 과거 현대의 정몽구 회장은 범법을 저질렀지만 재판 후 8천억원을 사회에 기부하겠다는 조건으로 실정법을 어긴 죄값을 대신했다.

같은 죄를 범한 삼성 이건희 회장 역시 1조원을 사회에 기부하겠다고 하고 면죄부를 받았다. 그들이 죄의 대가로 약속한 기부를 하기는 했는지, 그 돈이 어디에 어떻게 쓰였는지 나만 모르는가?

이런 재벌에게 정권은 스스로 알아서 기며 노동운동을 탄압했다. 정부의 능력 있는 고위 관료들은 퇴직 후 재벌의 주구인 대형 로펌으로 자리를 옮긴다. 그러니 현직에 있을 때 노동자 인권에 호의적일 수 있겠는가.

이것이 내가 보는 적폐의 크기는 이렇다는 말이다.

적폐의 크기를 다르게 볼 수 있다는 의견에 나는 동의를 한다. 사법부와 검찰의 적폐 청산이 핵심이며 다른 적폐 청산보다 최우선이라고 한다면 나는 그 의견을 존중하겠다. 오랜 세월 누적된 여러 적폐의 청산을 한 번에 이루지 못하리란 것도 나는 알고 있다.

하지만 해마다 베트남전쟁에서 전사한 사람보다 더 많은 사람이 노동현장에서 죽어가는 현실에 참담함을 느낀다. 베트남전쟁에서 전사자는 8년간 5천6백여 명, 한 해로 따지면 7백여 명이었다. 노동현장에서 죽는 사람은 해마다 2천 명을 웃돈다. 총알과 포탄이 쏟아진 전장에서 죽은 사람보다 산업현장에서 죽는 사람이 약 3배에 이른다.

언론은 개인적인 사고로 한강에서 주검으로 발견된 의대생 사건은 크게 꾸준히 집중보도하면서도 산업재해로 300kg 철판에 깔린 알바생의 죽음에는 모두 그저 그러려니 하며 눈을 감고 재벌들의 눈치만 보고 있다.

나는 '중대재해기업처벌법' 제정을 적폐 척결의 핵심으로 생각한다. 나는 지금 우리 사회를 옥죄는 적폐의 핵심은 재벌, 그중에서도 삼성이라고 생각한다. '권력은 이미 시장으로 넘어갔다'는 노무현 전 대통령의 말을 나중에 곰곰이 생각하고는 참으로 씁쓸했다. 판검사들도 자세히 들여다보니 삼성의 주구일 뿐이라는 증거가 여기저기 널려 있다. 많은 전관예우들이 삼성 법무팀에 가려는 것을 보라.

만약 삼성이 '중대재해기업처벌법' 제정에 적극적으로 찬성한다면 내 확신이 아주 잘못된 것이지만 진심으로 환영하겠다. '중대재해기업처벌법'을 제정하여 기업의 탐욕으로 힘없는 인간의 존엄성이 팽개쳐지는 자본주의의 천박성을 다음 정부는 엄중하게 처벌해야 한다.

노동자 인권을 존중한다면 양극화란 경제적 불평등까지도 우리 사회는 벗어날 수 있지 않을까?

정부는 재벌을 아부하듯이 존중하지 말고, 악행 중의 악행인 노동자가 살해당하는 노동 현실을 외면하지 말아야 한다.

돈보다 인간 존엄이 상식이 되는 사회를…

중고등학교도 못 다니고, 아름다운 사춘기에 어두운 공장에서 팍팍한 노동을 하며, 산업재해로 장애를 입은 이재명은 누구보다도 노동자의 고통을 잘 이해하리라 믿는다.

협동연합이란

우분투의 참뜻과 교훈은

제5장

부동산과 토지공개념

01 _ 자본의 세습과 토지

참을 수 없는 특권, 부동산!

사람들은 능력이 아닌 특권에 따라 불평등한 대우를 받을 때 가장 억울한 분노가 생긴다.

언제 어디서나 반항의 배후에는 평등하려는 욕구가 있다.

약 2,300년 전 철학자 아리스토텔레스의 말이다.

인류의 역사는 불평등에 대항하여 그 불평등을 해소하려는 노력으로 발전한 게 아닐까?

왕족, 귀족양반, 시민평민, 노예노비로 구분한 옛 신분제는 르네상스 이후 상업 부르주아가 득세한 서양에서는 18세기 후반 프랑스 대혁명을 기점으로 파괴됐다. 서구 자본주의의 침탈을 받은 동양에서는 19세기 말부터 신분제가 파괴되기 시작했다.

부르주아들은 왕정체제를 붕괴시켰다. 이 부르주아들은 산업혁명을 거쳐 체제를 자본주의로 이행하면서 자신의 자본가 계급부르주아과 노동자 계급프롤레타리아을 만들었다. 구체제 왕정이 '피의 세습'으로 특권을 유지했다면 신체제 자본주의는 '자본의 세습'으로 특권을 유지하고 있다. '자본의 세습'은 '피의 세습'과 다를 바 없이 용납할 수 없는 특권이다.

사람들은 서울 강남에 번듯한 건물주가 되는 것을 조물주 못지않은 특권을 누리는 것이라고 생각한다. 좁은 땅에서 자본주의가 비정상적으로 압축 성장한 우리 사회는 땅건물이 신神의 특권을 누리고 있다.

우리 사회는 땅 소유에서 온갖 불평등불공정을 일으키는 특권이 생겨난다. 이 특권을 누리기 위해 수단 방법을 가리지 않고 갖은 부패와 비리를 저지른다. 우리는 땅에서 생겨나는 불평등한 특권을 없애지 않는 한, 반항하려는 욕구를 결코 누를 수 없다. 우리가 부당한 특권에 쉬지 않고 정당하게 저항한다면 사회 개혁을 더 앞당기게 될 것이다.

토지는 모든 사람의, 다시 말해 인류의 공유물이란 사상은 일찍부터 있었다. 토지는 과학이 아무리 발달해도 공장에서 쏟아져나오는 물건처럼 생산할 수 없는, 한정적인 자연자원이다. 그래서 모든 사람에게는 토지에 대한 평등한 권리가 있다는 주장, 그것이 토지공개념이다.

토지공개념을 가장 체계적으로 정리한 헨리 조지Henry George,

1839~1897는 모든 토지는 공공의 것이어야 한다는 주장을 했다.

토지는 개인이 소유할 수 없다. 대신 토지를 사용하는 사람에게 사용료인 지대를 거두어 모든 사람에게 골고루 나누어 준다는 게 토지공개념의 이론적 배경이다. 이 이론에서 나온 나눔의 개념이 '기본소득'이다.

'기본소득'은 토지와 같은 자연의 공유 재산에서 나오는 이익을 약삭빠른 소수가 독점하지 못하게 하고, 이 공유 재산에서 나오는 이익은 국민 모두가 평등하게 나누는 '정의'를 실현하는 정책이다.

지하자원 같은 자연물에서 발생하는 이익은 인간의 노력으로 생기는 것이 아니다. 토지에서 발생하는 이익도 마찬가지다. 토지를 이용하는 사람에게 토지세를 받고, 또는 토지 가격 상승에서 발생하는 이익을 모든 국민에게 골고루 나누어 준다는 게 기본소득의 핵심이다.

02 _ 땅 투기

몇 년 전 라면 한 개를 훔쳤다고 무려 징역 3년 6개월을 받은 사람이 있다. 2-3만 원 정도의 돈을 몇 차례 훔쳤다고 하여 상습적이라면서 무시무시한 '특정범죄' 가중처벌을 받았다.

LH한국토지주택공사 임직원들이 내부 정보를 이용하여 개발예정지에 100억원이 넘는 금액을 투기한 혐의가 있다고 해서 여론이 들끓었다. 단순 계산해도 한 명 당 수억에서 십 수억원 이상의 투기를 했다고 볼 수 있다. 우리 사회의 오랜 고질병인 공직자들의 개발정보를 이용한 땅 투기 수법이 또다시 기승을 부렸다.

그 어이없는 사고는 참으로 가증스럽다. 지금 많은 젊은이들은 아파트값 폭등으로 고통을 받고 있고 영세 자영업자들은 높은 임대료에 피를 토하고 있다.

2012년 8월 한창 대선이 뜨겁던 시절 도올 김용옥 선생의 일갈이다.

지금까지 개혁세력이 성공하지 못한 이유는 '어설픈 타협' 때문이다.
진정한 개혁을 바라는 국민이 등을 돌렸기 때문이다.
국민이 개혁 세력에게 바라는 것은 개혁과 쇄신이지, 용서와 화해가 아니다.

그 당시 도올 선생의 일갈은 '어설픈 타협'을 자행한 개혁세력의 위기감을 나타낸 것이라고 나는 보았다. 결국 2012년 대선에서 개혁 세력은 박근혜에게 뼈아프게 패배했다.

9년이 지났다. 곧 시작할 대선에서 도올 선생의 일갈을 꼭 귀담아들어야 하는 이유는 명백하다. 바로 지금 벌어지고 있는, 국민 원성이 높은 토지 부패 비리를 척결해야 할 정부와 여당의 의지는 서민의 분노에 한참 미치지 못하고 있다. 더불어민주당의 전매특허인 '어설픈 타협'의 짙은 그림자가 벌써 어린다.

나는 내무행정 공무원으로 있으면서 영종도에 땅 투기를 하여 돈을 많이 번 분을 안다. 그 분은 모 지방자치단체장으로 재직하다가 땅 투기 혐의가 발각되었지만 단체장 직만 사퇴하고 아무런 처벌을 받지 않았다. 퇴직당하고 나서는 투기로 번 돈으로 목 좋은 곳에 그럴듯한 건물을 사서 높은 임대료를 받으며 살고 있다. 지금 그 건물은 살 때보다 몇 배나 올랐다. 서민이 볼 때 천문학적 금액의 건물을 상속받을 자식들은 손에 흙 하나 묻히지 않고 경제 특권을 누리며 평생 금수저로 살 것이다.

개발독재 시대의 토지 투기 비리가 이른바 민주화 정부에서도 근절되기는커녕 특권이 된 세상 때문에 요즘 젊은이들은 자괴감에 빠져 이 사회를 '헬조선'이라 부른다.

몇 십억원의 땅 투기 범죄가 확정되더라도 최대가 징역 7년 이하거나, 7천만원 이하의 벌금만 내면 된다고 한다. 이렇게 돈을 번 자들은 돈 좋아하는 변호사를 고용하여 집행유예나 벌금 기천만원으로 가뿐하게 해결한다. 이제까지 늘 그래 왔듯이.

굶주린 배를 채우기 위하여 라면 한 개를 비롯한 몇 차례의 소액절도가 불러온 3년 6개월에 비교하면 공정이나 정의는 찾아볼 수가 없다.

잘못된 부동산 정책으로 지난 4월 서울시장 보궐선거에서 더불어민주당은 참패했다. 서울 민심은 작년 총선에서 서울의 지도를 거의 파란색으로 칠했다가 1년도 지나지 않은 이번 보궐선거에서는 완전하게 붉은색으로 칠했다.

원인은 부동산 정책의 미숙으로 아파트값이 폭등했기 때문이다. 거기다가 LH사태에서 보듯 관료들의 투기라는 용서할 수 없는 부패가 버젓한데도 어떤 처벌도 없고, 방지 대책도 없다.

전강수 대구가톨릭대학 교수에 따르면 우리나라 부동산 보유세는 미국의 1/6 수준이라고 한다. 홍사훈 KBS 경제 기자에 따르면 우리나라의 보유세 대상자는 전 가구의 3.8%라고 한다.

이 정부에서 보유세를 올리려고 하니 보유세 대상자들이 극렬하게 반대하고 있다. 전강수 교수에 따르면 보유세는 부동산 투기에 따르는 징벌적 벌금이 아니라, 부동산을 보유하면서 누리는 혜택에 상응하는 대가를 내는 세금이라고 한다.

아파트 가격 폭등으로 집 없는 대다수 서민과 보유세 부과로 부동산을 여러 채 소유한 사람 극소수 모두가 분노해서 서울 지도를 붉게 만들었다.

더불어민주당은 부동산특별위원회 위원장에 진선미 의원을 앉혔다. 진 의원은 부동산 정책과 관련해 "국민 실망과 분노의 지점이 무엇인지 바로 보고 수정이 필요하면 수정하고 보완이 필요하면 해나가겠다"고 밝혔다. 그러자 더불어민주당은 진선미 위원장을 교체하고, 김진표 의원을 위원장에 내정했다. 김진표는 가진 자를 옹호하는 보수적인 정책을 꾸준히 주장해 온 사람이다.

토지 투기 협잡꾼을 절대 용서하지 않는 법의 장치가 필요하다.
토지 투기 협잡꾼을 용납하지 않는 개혁과 쇄신의 날카로운 칼날을 들이댈 정치인이 이제 우리 정치판에서 반드시 나타나야 한다.

03 _ 토지의 주인

'토지는 생산물을 일구는 노동자가 주인이어야 한다.'

1991년 말 소비에트가 해체하자 사회주의 국가들의 경제는 졸지에 벼락을 맞은 듯했다.

북한이 '고난의 행군'을 겪었듯이, 쿠바는 '평화 시의 특별기간El período especial en tiempos de paz'이란 국가비상사태를 겪으며 극심한 식량난에 시달렸다.

1959년 혁명 후 30여 년간 쿠바가 이룩한 괄목할 여러 성과는 소비에트에 의존한 신기루 유토피아였을까? 1992년 피델 카스트로는 이렇게 하소연했다.

쌀은 이미 바닥이 났고, 콩은 50%, 식물성 기름은 16%, 라드 7%, 연유 11%, 버터 47%, 분유는 22%밖에 남지 않았다.

1992년에는 수입액이 80%나 급락하고 실질 경제는 60% 이상 추락했다. 이때 쿠바가 상실한 무역량의 80%는 식료품과 의약품이었다. 미국은 이란과 북한 등 테러국가로 간주한 나라에게 경제봉쇄를 취했지만, 의약품과 식료품 같은 물자에 대해서는 인도적인 차원에서 예외를 뒀다. 그러나 쿠바에 대해서만은 의약품과 식료품까지 봉쇄하였다.

　　그러자 쿠바는 도시 유기농법을 개발했다. 살충제와 비료가 전혀 없었기 때문이다. 허브 같은 천적 식물을 키워 해충을 방지하고, 여러 퇴비 특히 지렁이 분변을 이용하여 화학비료를 전혀 쓰지 않으면서 농산물 생산을 시작했다.

　　쿠바는 1999년에 도시농업으로 전체 쌀의 65%, 채소 46%를 생산했다. 그리하여 1990년 43%에 불과하던 식량자급률을 2002년에는 95%로 끌어 올렸다. 근교 농장에서 생산한 농산물은 주민들에게 판매하고 관광호텔에도 납품한다. 사회주의 나라답게 신선하고 안전한 농산물은 인근 학교와 병원에 우선적으로 제공하고 있다. 알라마르Alamar 같은 농장이 도시 유기농업으로 이룩한 성과는 쿠바가 인류에게 자랑할 또 하나의 혁명임을 입증했다.

　　2018년 7월, 나는 쿠바의 수도 아바나 근교에 있는 알라마르농장을 견학했다. 넓이는 17ha약 5만 2천여 평로 처음에는 다섯 명으로 시작하여 지금은 200여 명이 일하고 있다. 투명하고 민주적으로 운영하는 협동농장은 친환경농법인 유기농 생산이라는 데 의미가 있다. 이들은 천적보다 좋은 농약은 없다는 믿음이 확고했다.

'천적연구소'의 검증을 거쳐 작물별로 확인한 천적을 받아서 배양을 하여 적절히 활용한다. 예를 들면 토마토와 상추를 함께 심는다든가, 상추와 고추를 함께 심는다. 담배와 석회를 섞어 살충제를 만든다. 주로 지렁이 분변토를 이용하고, 야채 부산물로 퇴비를 만들어 쓴다.

생산품은 상추, 허브, 배추, 정원수 묘목 등 20여 종에 이른다. 쿠바에서는 이런 조합을 설립하면 국가 소유의 땅을 무상으로 임대해 농사를 지을 수 있다. 이런 곳을 농업생산 기초단위조합UBPC: Union Basic Product Corperation이라고 한다. 조합의 땅은 국가 소유이지만 생산과 판매 수익의 주인은 조합원 노동자다.

2010년도 추정 조합원 노동자의 1인당 배당금은 약 1,500페소인데 이는 쿠바 농업부 장관의 월급 700페소에 비하면 2배가 넘는다.

'일한 자가 생산물의 진정한 주인'인 사회주의의 부러운 모습이었다. 모든 땅을 누구나 사용할 수 있는 쿠바와 가진 자가 투기 대상으로만 삼는 우리나라의 현실은 너무나 달랐다.

돈이나 땅이 없어도 생계가 가능한 유토피아를 보면서 풍요롭다는 의미가 무엇이냐를 나는 묻고 또 물었다. 사람을 절망에 빠뜨리는 것은 물질적 가난보다 타락한 물질적 풍요가 선사하는 정신적 해이가 아닐까?

토지공개념!
우리가 반드시 도입해야 할 당연한 제도이다.

04 _ 곤충학자 파브르

상하수도가 발달하지 않았던 옛 부엌은 불편했다. 집안에 행사가 있는 날에는 마당에 솥을 걸어 놓고 음식을 장만했다. 국을 끓였던, 밥을 했던, 마무리로 솥에 물을 부어 끓이고 난 뒤 솥을 깨끗이 닦아 냈다. 그때 끓인 물을 땅에 흩뿌리려 하는 며느리에게 어머니는 말했다.

애야, 물이 식은 다음에 뿌려라. 뜨거운 물을 그냥 뿌리면 마당
에 사는 벌레들이 죽지 않겠니.

땅에 사는 아주 작고 변변치 않아 보이는 벌레의 생명도 보살핀 어머니의 마음이었다. 자연을 존중한 우리 어머니들의 경탄할만한 배려심이다. 옛날에 자애로운 스님은 인적 드문 산길에 작은 방울을 봇짐에 달고 다녔다고 한다. 방울 소리로 새끼 뱀 같은 작은 동물에

게 신호를 주기 위해서였다. 걸음걸이도 개미 한 마리도 밟지 않게 조심했다고 한다.

"얘야, 너는 어떻게 살고 있니?"라고 곤충에게 물은 사람이 있다. 〈파브르의 곤충기〉로 유명한 장 앙리 파브르Jean Henri Fabre; 1823~1915이다.

특유의 검은색 모자를 쓰고 소박한 옷차림으로 종종 길가에 엎드려 곤충을 관찰하는 바람에 주위 사람이 미친 사람으로 취급했다는 이야기까지 있다. 그는 뙤약볕 아래에서도 땅에 엎드렸다.

파브르 이전의 곤충학은 죽은 곤충을 해부해서 비교했다. 파브르는 살아있는 곤충을 끈기 있게 관찰하고, 철저히 검토한 것을 조심스럽게 기록했다. 파브르는 몇 년이 걸리더라도 성급하게 결론 내리지 않았다. 이전부터 내려오는 지식을 검토하지 않고 베껴 쓰는 관행을 따르지 않았다. 파브르의 어린 시절 꿈은 곤충을 관찰할 수 있는 뜰을 가지는 것이었다. 그런 뜰에서 조용히 연구하며 지내고자 했다.

책 한 권만 사도 굶어야 했던 가난한 교사 파브르는 꿈을 쉽게 이룰 수 없었다. 파브르는 40년의 모진 고생 끝에 프랑스 남부 프로방스 지방에 땅을 마련했다. 쉰다섯 살 때였다. 파브르는 자기 뜰을 '아르마스Harmas; 황무지'라고 불렀다.

파브르는 땅을 지닌 기쁨을 이렇게 말했다.

내가 오랫동안 가지고 싶었던 것은 이것이다. 아담한 땅, 넓지 않아도 된다. 울타리가 있고 시끄러운 길가에서 좀 떨어진 땅, 기름질 필요도 없다. 늘 뙤약볕이 내리쪼이고 사람들은 거들떠

보지 않지만, 민들레와 벌들이 좋아하는 곳, 조용히 나나니벌이나 땅벌에게 '어떻게 살고 있니?' 하고 물어볼 수 있고, 실험을 통해서 서로 마음을 알 수 있으면 된다. 이것이 내 꿈이었다. 40년의 피나는 인내 끝에 이제 내 손에 들어온 것이다.

비록 들풀들이 마구 자란 자갈투성이 뜰이었지만, 많은 곤충을 관찰하여 연구하고 이야기를 나누며 산 파브르의 노년은 매우 행복했다. 그러면서 〈파브르의 곤충기〉 10권을 썼다. 곤충의 생활을 정확하고 객관적이면서도 독특하고 아름다운 문학적 언어로 표현했다. 파브르는 50세부터 시작해서 92세까지 42년 동안 이 책을 집필했다. 척박한 땅이었지만 그곳에서 자연을 관찰하며 자연과 대화를 나눈 파브르의 삶의 가치를 우리는 조금이라도 짐작할 수 있을까?

땅을 오로지 투기의 대상만으로 삼는 우리의 삶에서!

땅, 모든 생명의 어머니.

투기의 대상이 되어서는 안 된다!

파브르가 황무지라 불렀던 아르마스는 프랑스 남부 지중해 연안의 구릉과 산이 많은 내륙지역이다. 지중해성 기후의 영향으로 따뜻하고 맑은 날이 많은 곳이다. 아르마스가 있는 지역을 프로방스 또는 프로벤자라고도 한다.

이 지방을 노래한 유명한 아리아가 '프로벤자 내 고향으로 Di provenza il mar il sol'이다. 베르디의 오페라 '라 트라비아타La Traviata' 2막 1장에 나오는 아리아다. 아름다운 연인이 떠나자 시름에 잠긴 아들에게 아버지가 나타나 아들을 달래며 고향 프로벤자로 돌아갈 것을 권유하는 노래다.

제6장
기본소득

01 _ 인간 존엄을 위한 기본소득

언제부터인가 젊은이들은 우리 사회를 '헬조선'이라 부른다. 경제적인 특권을 누리는 소수의 사람은 지루한 여가에 몸을 비틀지만, 대부분의 사람은 과중한 노동에 목숨마저 담보하고 있다. '헬조선'이라는 자괴감은 이런 극심한 불평등의 결과이다.

역사에서 불평등은 언제나 반란을 부추겼다.

'평등'의 실현은 인류 역사에서 가장 간절한 염원이었다. 개인은 물론이고 민족, 나라 사이에서도 나타나는 '불평등'이야말로 영원한 굴레로 인류에게 근원적인 재앙을 가져왔다고 단정할 수 있다.

루소는 〈인간불평등기원론〉에서 이렇게 말했다.

부와 권력 그리고 사회적 특권은 인위적인 불평등을 초래함으로써 하늘에서 부여받은 인간의 행복과 자유를 파괴하고 억압했다.

루소의 이 말은 1789년 프랑스 대혁명에 명석한 사상을 제공했다.

하느님의 사랑은 유대인뿐만 아니라 모든 민족에게 나누어 주
며 부유한 자나 가난한 자에게 똑같이 베푼다.

이에 근거한 '원수마저도 사랑하라!'는 예수의 말씀은 피부색과
인종을 떠나 인류애적인 평등을 실천하라는 사자후였다.

〈상식〉이란 저서를 통해 프랑스 대혁명의 도화선에 불을 댕긴 토
마스 페인은 경제 평등에 대해 이렇게 말했다.

내가 주장하는 것은 자선이 아니라 권리이며, 박애가 아니라
정의다.

우리 사회가 한 단계 더 성숙하여 '헬조선'에서 벗어나려면 경제
적 불평등을 해소해야 한다. 경제적 불평등 해소의 첫걸음은 모든
국민이 인간의 존엄을 유지하도록, '기본소득'을 보장하는 제도 마
련이다.

모든 국민의 '기본소득' 보장은 자선이 아니라 권리이며, 박애
가 아니라 정의가 되어야 한다.

02 _ 한글과 기본소득

딸이 대학과 대학원을 다닌 터키를 세 번 방문했다. 한 번은 우리 나라에서 터키 전문가로 첫손에 꼽히는 이희수 전 한양대 문화인류 학과 교수와 같이 갔다. 터키 곳곳의 역사 유적을 보려고 버스를 타고 장시간 이동을 해야 했다.

버스 안에서는 연구자의 강의도 있었다. 한번은 실크로드를 연구한 분의 강의가 있었다. 실크로드는 굉장히 역동적인 문화교역로였다고 한다. 비행기가 하늘을 날고 인터넷 정보가 광속으로 날아다니는 현대보다는 정보교류 속도가 늦었겠지만, 낙타를 이동 수단으로 느릿느릿 움직였다고 하여 정보교류가 아주 빈약했을 것이라는 내 생각은 오산이었다.

신라의 고분에서 발견되고 있는 귀부인의 옥구슬은 로마의 제품이라고 한다. 이 옥구슬이 터키의 실크로드 관문인 이스탄불에서 출발하면 약 7개월 만에 경주에 도착했다고 한다. 이탈리아 신제품 명품 가방이 백화점 명품 가게를 통해 귀부인의 손에 들어가는 요즘 속도와 크게 차이가 없었다.

고려 말에 몽고는 아시아 대부분과 유럽 일부까지 점령했다. 통치는 몽고인이 했지만, 그 넓은 땅에 통치를 뒷받침할 관료는 누가 했느냐는 물음이 있었다. 일본이 우리를 지배할 때 일본인 20만 명이 거주했다고 하지만 인구가 적은 몽고는 유라시아의 광대한 땅에 몽고인을 지배 관료로 파견하지 못했다. 몽고는 무력만 강했지 지배체제를 세울 만큼 문화가 깊고 넓지 않았다.

원나라가 지배한 고려의 지배 관료들은 주로 아라비아반도에서 데리고 온 위구르인이었다고 한다. 당시 아라비아는 과학이 가장 발달했다. 유럽은 암흑시대였고, 르네상스 이후에야 비로소 지적 우위를 누렸다.

고려에서 조선으로 넘어오면서 몽고 지배체제의 아라비아 출신 관료 후예들이 많이 남아 있었다. 그들을 회회인回回人이라 불렀다. 이 회회인들은 아라비아의 발달한 과학 지식을 축적하고 있었다.

세종은 조선에 잔류하고 있었던 회회인들의 지식을 활용하였고 회회인의 자손인 장영실은 발명품을 많이 남겼다. 천체 관측기구인 혼천의, 해의 그림자로 시간을 재는 앙구일구, 물시계 자격루, 청계천의 물 높이를 재는 수표 등이다. 장영실은 조선의 에디슨으로 불릴 만큼 관찰력과 손재주가 뛰어났다. 세종은 장영실이 비록 천민이었지만 발명품을 만들도록 적극적으로 도와주었다.

세종의 넓은 안목에는 편리한 소리문자의 존재도 포함되어 있었을 것이다. 세종은 지혜로운 안목으로 우리의 소리 체계에 맞는 과학적인 소리문자를 만들었다.

소리문자 한글을 만들려고 하자 중화사상에 물든 최만리 같은 고리타분한 관료 학자들이 엄청난 반발을 했다. 하지만 세종은 기어코 훈민정음 즉 한글을 창제했다. 한글이 창제된 이후에도 유교 지식인들은 한글은 언문이라고 천대하며 그 우수성을 무시했다.

세종이 한글을 만든 이유는 여러 가지라고 한다. 무엇보다도 세종의 가장 큰 미덕은 어려운 한자를 모르는 대다수 일반 백성들이 쉬운 문자를 사용할 수 있도록 배려를 했다는 점이다.

백성에 대한 배려!
새로운 문물을 대하는 열린 마음과 백성을 위한 배려로 한글을 만들었고, 이 한글은 21세기 우리나라를 IT분야에서 세계 최고의 강국으로 만드는 주춧돌이 되었다. 오늘 우리가 이 만큼 잘 산다고 믿는 사람은 광화문에 가서 세종대왕 동상을 자주 참배해야 할 것이다.

나는 몇 년 전 '기본소득'이란 낯선 경제 용어를 만났다. 대구에서는 오래전부터 '토지공개념'를 비롯한 경제 정의를 찾기 위한 전문가 모임이 있었다. 경북대 김윤상, 이정우 교수와 대구가톨릭대 전강수 교수, 이 세분을 주축으로 한 모임이다. 대구의 인문 강좌 모임인 '두;목회매월 두 번째 목요일 강좌 모임'에서 이들을 초청하여 강좌를 여러 번 열었다.

나는 이 강좌를 들으며 경제 정의에 관한 시야를 넓혔다. 그 덕분에 성남시장 이재명의 '기본소득'을 처음 들었을 때 경제 정의를 위한 새로운 제도라는 것을 어렴풋이 깨닫기 시작했다.

'기본소득'은 이재명 경기지사가 대선 후보로 떠오르면서 뜨거운 감자가 되었다. 이재명 경기지사는 성남시장을 할 때 기본소득의 하나인 청년배당 문제로 사회적 논란을 일으켰지만, 코로나 사태에서 정부가 재난지원금을 보편적으로 지원하자 논란이 다소 가라앉았다.

하지만 지금도 '기본소득'을 찬성하는 경제학자들과 반대하는 경제학자들이 날카롭게 대립하고 있다. 찬성 측은 진보적인 경제학자들이고 반대 측은 보수적인 경제학자들이다. 보수 측은 '기업하기 좋은 환경'을 만들려는 학자이고, 진보 측은 '노동하기 좋은 환경'을 우선시하는 학자들이다.

나는 우리 사회가 질적으로 변화하기를 바라고 있다. 국민소득이 선진국 대열에 들어선 현재 우리 사회의 삶의 질도 그만큼 좋아졌냐는 질문에는 의문을 품지 않을 수 없다. 세계 최고의 자살률, 세계 최저의 출산율, OECD 국가 중 최고의 산업재해 사망이 이를 반증하고 있다.

이는 그만큼 노동현장이 열악하다는 증거이며 노동현장이 열악한 만큼 기업가들의 이익은 많아졌다고 볼 수 있다.

노동하기가 팍팍하고, 취직하기는 하늘의 별 따기가 된 지 오래다. 자살률은 조금도 수그러들지 않는다. 이러한 현실이 몹시 안타깝다. 그래서 나는 '노동하기 좋은 환경'을 우선시하는 경제학자들을 신뢰한다. '기본소득'이 우리 사회의 질적 변화를 가져올 수 있다고 믿고 있다.

기본소득 재원을 어떻게 마련하느냐? 이것이 뜨거운 쟁점이다. 전반적인 기본소득을 실행하기 위한 재원을 마련하려면 결국은 경제 기득권이 독점한 몫을 서민들에게 골고루 나누어야 한다. 나누자고 할 때 기득권의 저항은 만만치 않다.

우리나라의 기득권자들은 열심히 일하여 정상적으로 부를 일군 사람도 있지만, 불법과 특혜로 부를 축적한 사람이 적지 않다. 부동산 투기는 불법과 특혜의 대명사다.

기본소득을 위한 첫걸음은 '토지공개념' 도입이다. 바로 이 점에서 경제 기득권 세력이 '기본소득'에 극렬히 저항하는 이유이다. 보수기득권 세력은 '기본소득'이 이론만 있지 세계 어느 나라도 아직 시행하고 있지 않은 비현실적 제도라고 반대한다.

하지만 선진 세계 어느 나라도 우리처럼 불법과 특혜로 부동산 투기를 하여 부를 쌓지 않는다. 우리에게 익숙한 불법 특혜 부동산 투기는 선진 어느 나라에서도 용납되지 않으며 죄질 나쁜 범죄로 단죄하고 있다.

세계 어느 나라도 시행하고 있지 않기 때문에 시행해서는 안 된다는 발상은 아주 유치하다. 세종이 한글을 만든 해가 1446년이다. 한글처럼 가장 과학적인 문자를 당시 세계 어느 나라도 만들 생각을 하지 않았다. 중화사상에 고집스럽게 물든 유교학자들의 거센 반대는 요즘 '토지공개념', '기본소득' 실행만큼 반대가 심했을 것이다.

유학자들이 반대한 속내에는 서민이 유식해져서는 안 된다는 생각이었다. 게을러 가난하게 된 자들에게 부자의 돈을 나누어 줄 수 없다는 지금의 부자들 생각과 비슷했을 것이다. 세종대왕은 어려운 글을 모르는 서민을 가엾게 생각한 열린 마음이 있었기 때문에 세계 최고의 문자를 만들 수 있었다.

우리나라의 경제 규모는 선진국과 어깨를 견주고 있다. 그러나 우리나라는 부의 절대적 비중을 차지하고 있는 잘 사는 소수의 부자와 못 사는 '가엾은' 다수가 있다. 다수가 가엾은 신세가 된 것은 소수 특권층의 불법과 특혜가 마음껏 춤을 추었기 때문이다. 주택 수가 부족한 것이 아닌데도 집 없는 서민이 태반이다. 불법과 특혜를 누리는 자들이 여러 가구를 소유하고 투기를 일삼기 때문이다.

기본소득!

인간 존엄을 위한 최소한의 배려다. '기본소득'을 선도적으로 실시함으로 세계를 깜짝 놀라게 할 수 있는 자질이 우리에게 있다고 나는 생각한다. 지구상의 어느 나라도 자기 말을 과학적으로 만들 생각을 하지 않았다. 그러나 세종대왕은 그렇게 했다. 세종은 무지를 못 벗어난 백성을 위해 인간적인 생각을 했기 때문이다.

세종대왕을 선조로 둔 우리 민족이 최소한의 인간 존엄을 위한 기본소득을 세계에서 가장 체계적으로 만들어 실행하지 못할 이유가 무엇인가?

당대에는 앞선 사람의 비범함을 모를 수가 있다. 앞선 사람의 비범함을 겸허하게 인정한다면 당대도 윤택하게 되리라.

03 _ 미래에 먼저 도달한 나라

나는 '기본소득'의 정신이 아주 오래전부터 있었다고 본다.

첫째, 동양의 경우.

중국 춘추전국시대에 도척盜跖이라는 흉악무도한 도둑이 있었다. 중국 역사에서 큰 도둑大盜의 대명사로 불리는 전설의 인물이다. 부하를 9천여 명이나 데리고 다니며 약탈과 살인을 저지르고 부녀자를 겁탈했다. 사람 고기를 먹을 정도로 포악했다.

반면에 뛰어난 용기와 배포를 가졌고 도적답지 않게 학식을 지녔고 말을 아주 잘 했다.

그의 형은 공자 시대 노나라의 대학자였다고 한다. 이 포악한 도둑에게도 5가지 도道=윤리가 있었다는 장자의 거협편에 나오는 우화가 있다.

어느 날 부하가 도척에게 질문했다.

"도둑에게도 도가 있습니까?"

도척은 "어디엔들 도가 없겠는가"하며 말을 이었다.

1. 어떤 집의 재물을 추측하는 것은 성聖이라 하고,

2. 도둑질할 때 남 먼저 들어가는 것은 용勇이라 하며

3. 맨 나중에 나오는 것은 의義라고 하고

4. 훔쳐야 할지 말아야 할지를 결정하는 것은 지知라고 하며

5. 훔친 재물을 공평하게 나누는 것은 인仁이라고 한다.

이런 우화를 지어낸 '장자'라는 인물은 참으로 경이롭다.

오랜 역사의 중국 지성계는 공자·맹자의 공맹사상과 노자·장자의 노장철학이 주류를 이루었다. 노자는 가장 적은 글로 가장 신비스러운 지혜를 남김으로써 상인 기질이 많은 중국인에게 철학적 사유를 불어넣었다.

노자의 철학을 계승한 장자는 중국인에게 유교의 격식을 파괴하고 진리를 함축한 풍자적인 역설Paradox로 중국인에게 충격적인 색다른 시각을 선사한 인물이다. 도척의 우화도 마찬가지다. 세속 유학자들이 진지한 척하는 도덕적 위선을, 흉악한 도적 도척을 통해 신랄하게 풍자한 것으로 보인다.

5가지 덕목 중 4가지 덕목은 도둑 우두머리의 기술적인 자질이지만, 5번째 덕목인 '인'의 해석은 2천 2백여 년이 지난 요즘 자본주의 정치경제체제에도 의미 있는 암시를 준다. 장자가 여기서 말하는 인仁은 분배를 공평하게 하라는 의미다.

봉건시대 권력자들은 아랫사람에게 복종만 요구했지 분배를 공평

하게 하지 않았다.

공자는 경제적 분배공정과 공평를 시행하지 않는 통치자에게 한 말씀 남겼다.

가난을 걱정하지 말고 고르지 못함을 걱정하라.
불환빈 환불균; 不患貧 患不均

이 뜻은 이렇게 해석할 수 있는 말씀이다.

적게 갖는 걸 두려워하지 말고, 공평하게 갖지 못한 것을 두려워하라. 평등이 가난을 사라지게 하리라.

공자의 이 말씀은 어쩌면 2,300여 년이 지난 뒤, 19세기 마르크스의 경제사상과 본질적으로 다름이 없다고 봐야 하지 않을까.

예수가 원수마저 사랑하라고 그렇게 외쳤지만, 기독교 역사에서 원수를 사랑한 적이 있었는지 모르겠다.

공자는 균均=공정하고 공평한 분배을 무척이나 강조했지만, 세속의 유학 통치자들이 그렇게 실행한 경우를 나는 모른다. 그런 유학자를 장자는 도적도 인=균을 따르는데 '선비 너희들은?' 하며 신랄하게 풍자했다.

장자가 도척을 통해 말하고자 했던 '인仁'은 어떤 뜻이었을까?

서양의 바이킹에서 장자의 구체적인 인을 짐작해 볼 수 있다.

둘째, 유럽의 약탈자 바이킹Viking의 사례를 전 경북대 총장 박찬석 교수의 글을 통해서 살펴보자.

덴마크, 스웨덴, 노르웨이 3국을 노르덴이라 부른다. 서부 유럽의 북방민족이다. 8세기부터 11세기까지 300년 동안 유럽의 해안지방을 약탈하고, 침략을 했던 민족이 바이킹Viking이다.

전쟁만큼 문화 교류를 빠르게 진행시키는 인간사는 없다. 바이킹 시대는 793년 영국의 한 섬의 교회 약탈로 시작되었다.

...

해적질을 하여 약탈해온 물건을 어떻게 나누느냐는 문제는 바이킹사회의 존속을 결정하는 중요한 과업이었다. 희생한 것만큼 분배가 제대로 되지 않으면 다음 원정 갈 때, 동행을 거부하거나 기피하기 때문에 바이킹사회에서는 공정하게 배분하는 관행이 중요했다. 전쟁에서 죽은 자의 부인과 아이들, 전쟁에서 상처를 입어 생업을 할 수 없는 부상자들에게 먼저 배분하고 나머지를 공동으로 분배했다. 언젠가는 나에게도 닥칠 재난에 대한 보험 성격이었다. 북구 여러 나라가 시행하고 있는 복지의 기원을 바이킹의 풍습에서 찾기도 한다.

- 2018. 11. 내일신문.

도척의 이야기가 전설과 우화라면, 바이킹의 이야기는 구체적인 사례다.

노르웨이, 스웨덴, 덴마크, 핀란드, 아이슬란드 5개국을 '노르딕Nordic'이라고 한다. 이들 나라는 자본주의 경제체제를 거부하지 않으면서 사회주의 경제 개념을 점진적으로 받아들였다. 자본주의와 사회주의가 혼합된 경제체제이다.

미국식 자본주의는 경제 효율을 위해 사회주의의 특장점인 사회 통합을 희생했지만, 노르딕은 경제 효율과 사회 통합을 동시에 실현했다.

1928년, 스웨덴의 사민당 대표 한손Per Albin Hansson: 1885-1946
은 의회 연설에 '국민의 집Folkhemmet: People's Home'이라는 개념을
내놓았다.

가정의 기본은 공동체 의식입니다. 좋은 가정에는 특권을 누리
는 자식도 없고 따돌림받는 자식도 없습니다. 가족은 내려다보
지 않으며, 다른 식구에게 손해를 끼치거나 자기 이익을 챙기
지도 않습니다. 가족은 동등하며 서로 배려하고 협력하고 돕습
니다. 이와 같은 정신으로 전 국민을 위한 큰 가정을 건설해 간
다면 우리 사회의 상층부와 하층민 간의 경제 · 사회적 장벽은
사라질 것입니다.

- 스웨덴은 이런 나라다. 이재석, 기파랑, 2019.

도척이나 바이킹들이 오히려 분배均의 중요성을 중시했다. 도척이
어짐仁이라 했던 분배가 2,500여 년 지난 20세기에 들어 복지국가의
중요한 덕목이 된 것은 어쨌든 이성의 결과이자 역사의 진보다.

노르딕 국가들은 미국처럼 부유하면서도 미국과 전혀 다르게 소
외 계층이 없는 복지사회를 이루었다. 재벌을 중심으로 해외 수출을
하여 살아가는 나라인데도 사회주의 국가란 소리를 듣는다. 노르딕
5개국은 지금 가장 모범적인 복지국가를 이룬 나라들이다.

넉넉한 복지가 노동의욕을 빼앗을지도 모른다고 하지만 노르딕
기업의 성공볼보, H&M, 이케아, 슈퍼셀, 레고 등을 보면 단지 탐욕이 아니
라 더 큰 가치를 위해서 일할 수 있다는 것을 보여준다. 소득 격차가

적고, 육아, 교육, 의료, 실직, 연금 등의 복지제도가 세계 최고 수준이며 또한 GDP 대비 최고 수준의 세금을 내는 나라다.

그래서 영국 이코노미스트지는 이들 나라를 '미래에 먼저 도달한 나라'라고 불렀다.

도척이 살았던 춘추전국시대는 부국강병이 대세였다. 제후국 군주들은 민생과 나라의 안정은 도외시한 채 오로지 군비 확충과 세력 확장에만 골몰했다. 공경대부 벼슬아치들이 온갖 부정한 방법을 동원하여 재물을 긁어모으니 서민들의 삶은 피폐했다.

04 _ 조화로운 사회

인류 역사를 되돌아보면 빈곤은 개인의 문제가 아니라 사회적 문제였다. 더구나 현대 산업화 시대의 대량 빈곤은 핵심적인 사회 문제다. 비정규직마저 얻기 힘든 우리 젊은이들이 우리 사회를 '헬조선'이라고 부르는 이유다.

안보를 빌미로 미국 군수산업에 퍼주는 세금은 나날이 부풀고, 나랏돈이 소수의 재벌과 금융자본으로 쏠리는 동안 서민들의 주머니는 갈수록 팍팍하다. 우리나라의 빈부격차는 OECD경제협력개발기구 국가 중 가장 심하다. 상위 10%의 소득점유율이 50%에 달하고 있어, 미국 다음으로 높다. 피케티 같은 학자는 우리가 미국보다 더 심각하다고 분석하고 있다.

좋은 사회를 이루려면 이성理性의 도움을 받아야 한다.
인간이 왜 만물의 영장靈長, 생명 가운데 우두머리長인가?

인간은 이성을 지닌 유일한 동물이며, 동물 가운데 인간만이 역사를 창조하는 능력이 있기에 인간은 만물의 영장이 될 수 있었다. 짐승은 1만 년 전이나 지금이나 다른 바 없지만, 인간은 이성으로 역사를 축적하면서 사회 진보를 이룩하여 왔다.

인간이 역사를 기억하고, 역사를 배우고, 역사를 발전시키는 목적은 무엇인가?

과거보다 더 좋은 사회를 만들기 위함이 아니었던가.

더 좋은 사회란 무엇을 뜻하는가.

누구나 존엄을 누릴 수 있도록 개인의 '자유'를 보장하고, 서로의 존엄을 존중하며 '평등'을 함께 누리는 사회가 아닐까.

로마 시대 노예 검투사 스파르타쿠스가 노예 해방투쟁, 즉 인간의 해방투쟁을 시작한 이래 '자유와 평등'은 인류의 염원이었다.

역사는 때로 후퇴하기를 반복했지만, 21세기 현재 인류가 누리는 '자유와 평등'은 과거보다 많이 발전한 것이다. 나는 역사의 축적 없이 본능만으로 사는 다른 동물들에 비해 더 좋은 사회제도로 발전시킨 인간 이성을 믿는다.

10세기의 잔인한 약탈자 바이킹의 후예들이 20세기에 들어 모범국가를 이루어 인류 문명을 이끄는 것은 역사와 이성의 걸작이다. 인간은 어떤 모범을 창조하지 못하였을 때는 창조적 모방이 필요하다. 각각의 역사에는 나름대로 고유한 해결책이 있다. 한 사회의 삶은 고유한 전통에 따른 나름의 법칙이 있다.

우리가 새겨야 할 교훈은, 도척의 인仁이나 해적들의 공정 분배는 권력자나 가진 자가 베푸는 은혜가 아니라는 점이다. 조직사회, 국가을 유지하기 위한 기본적인 의무이다.

모든 국민에게 최소한의 삶을 보장하는 것은 자선적인 빈민구제를 넘어 의무적인 사회정책으로 자리 잡아야 한다. 경제적으로 어려운 사람에게 기본소득을 보장하여 인간의 존엄을 누릴 수 있는 복지의 필요성을 인식하고 정책을 확립할 수 있는 사회적 합의를 이제는 이끌어 내어야 한다.

심화되고 있는 경제 양극화는 재벌개혁·경제민주화로 해소해야 한다. 권력과 재벌의 정경유착으로 특혜를 받는 재벌은 양극화의 골을 더욱 깊게 하고 있다.

하청업체에 대한 대기업의 횡포와 정규직·비정규직 간의 차별을 없애며, 무엇보다 공정한 경쟁의 룰을 만드는 게 경제민주화의 핵심이다.

공자의 이상사회는 모두가 함께하는, 고른均等 대동의 평천하였다. 완전한 평등은 허구일 수 있겠지만, 공자는 "예의 쓰임에는 조화로움이 귀중하다.禮之用 和爲貴"라고 했다. 정치의 도리예: 禮는 조화로움和이라는 말이다.

우리는 개인의 이윤 추구를 최대한 보장해 주는 자본주의 체제에서 살고 있다. 공자의 말처럼 돈이 많거나 적은 사람이 함께 어울릴 수 없는 조화롭지 못한 세상은 누구도 행복할 수 없다.

조화로운 사회로 가는 첫걸음은 인간이 최소한의 존엄을 지키게 해 주는 '기본소득'이다. 우리 사회는 '기본소득'을 진지하게 논의하여야 한다.

이재명 경기도지사는 "다산도 '백성은 가난보다도 불공정에 분노하니 정치에선 가난보다도 불공정을 더 걱정하라'고 가르쳤다."고 말하며 국민이 주인이라는 민주공화국에서 강제당한 차별이 가져올 후폭풍이 너무 두렵다고 말한다.

05 _ 곤마를 살리는 요석

지금 대선 국면에서 가장 뜨거운 경제 이슈인 기본소득 도입은 매력적인 경제정책이지만, 깊은 경제 지식을 요구한다. 기본소득의 '필요성'에는 충분히 공감하여도, 기본소득을 위한 돈 마련세원 징수의 문제가 복잡하여 도입을 망설이는 의견도 만만찮다.

기본소득을 부정적으로 생각하는 사람의 의견은 크게 두 가지를 문제 삼고 있다.

공짜로 돈 준다는 것과 공짜로 줄 돈이 어디에 있는가이다.

우리 사회에서 공짜란 무엇을 의미하는 것인가?

게으른 자에게 아무런 대가 없이 주는 가진 자의 동냥을 의미한다. 동냥을 가진 자의 여유 있는 주머니에서 나오는 부조 또는 자선으로 생각한다. 좀 더 혹독하게 말하면, 일하는 사람의 것을 빼앗아 게을러서 가난한 사람에게 준다는 의미로 일부 가진 자들은 그렇게 오해하고 있다.

과연 그럴까?

나는 얼마 전부터 기본소득에 관심을 가졌지만 개념 정리에 오랜 시간이 걸렸다. 2021년 2월 기본소득에 관한 고수의 글을 만났다. 박규완 영남일보 객원 논설위원의 글이었다. 박 논설위원은 고등학교 3년 선배로 평소에 알고 있는 분이기에 더욱 반가웠다.

다음은 〈박규완 칼럼〉이다.

기본소득, 곤마困馬 살리는 요석要石 될 수 있을까?

기본소득 시원始原에 관한 설說은 다양하다. 시민들에게 매달 30kg의 밀과 공공 서비스를 무상으로 제공하던 고대 로마를 지목하는가 하면, 플라톤의 역저 '국가'에서 기본소득의 개념을 찾기도 한다. 1516년 출간된 토머스 모어의 소설 '유토피아'에는 기본소득이 꽤 상세히 묘사된다.

"도둑질 말고 생존할 방법이 없는 사람이라면, 그 어떤 처벌도 이를 막을 순 없다. 끔찍한 처벌 대신 생활할 수 있는 일정 수준을 지원해야 한다."

20세기에 들어서는 더 많은 이들이 기본소득 논의에 가담한다. 버트런드 러셀, 마틴 루서 킹을 비롯해 사회심리학자 에리히 프롬, 정치사상가 토머스 페인, 경제학자 프리드리히 하이에크, 헨리 조지까지. 시카고학파 거두 밀턴 프리드먼은 기본소득과 비슷한 '음의 소득세'를 제안했다.

기본소득을 보는 우리 국민의 시각은 팽팽하다. 48.6%가 찬성하고 42.8%는 반대다. 기본소득은 정치권의 화두이기도 하다. 대선 주자 중에선 이재명 경기도지사가 가장 적극적이다. 야당인 국민의힘은 지난해 기본정책 1호로 기본소득을 제시했다. 하지만 국민의힘의 기본소득 얼개는 하위 50% 집중 지원이다. 이러면 전 국민 대상·현금·정기적 지급이라는 기본소득의 원칙에 부합하지 않는다. 괜히 기본소득이란 명칭만 차용하는 꼴이다. 기본소득은 실현 가능한 미션일까. 관건은 재정의 지속성이다. 나라 곳간을 거덜 내지 않으려면 기본소득과 기존 복지제도를 뭉뚱그려 다뤄야 한다. 현행 복지체계를 통폐합·일원화해 복지의 불합리성과 중복 지원, 누수 현상을 해소해야 기본소득이 착근할 여지가 생긴다.

현재 소득 하위 70% 노인은 월 30만원의 기초연금을 받는다. 7세 미만 모든 아동에겐 월 10만원의 아동수당이 지급된다. 기초수급자의 경우 1인 가구 기준 생활급여는 월 53만원이고, 의료·주거·교육 급여는 별도로 지급된다. 이들 복지비용 총합에 예산을 좀 더 얹으면 기본소득이 가시권에 들어온다.

기본소득의 순기능은 만만찮다. 제대로 정착된다면 고용보험 예산을 줄이고 노동시장의 유연성을 높일 수 있다. 학벌주의의 완화와 출산율 제고도 기대해볼 만하다. 현금이 고루 살포되면 한계소비성향이 높아지고 이는 유효수요 창출로 이어질 것이다. 기본소득은 보편적 복지다. 사각지대가 없어지는 만큼 생활고로 인한 극단적 선택을 막을 수 있다.

복지수급에 소요되는 막대한 행정비용 절감도 가능하다. 우리나라의 복지 수급체계는 허접한 데 비해 조세 징수 시스템은 대단히 정교하다. 기본소득과 징세 강화를 함께 추진하면 어떨까. 중·상위 소득자에게 돌아가는 기본소득을 세금으로 토해내도록 징세 구조를 설계하자는 얘기다. 그래야 저소득층·취약계층 구제라는 복지 취지가 훼손되지 않는다.

기본소득은 얼핏 사회주의 제도로 여기지만 자본주의 색채가 다분하다. 빌 게이츠 같은 시장주의자들은 기본소득을 자본주의를 지속 가능케 하는 수단으로 본다. 유발 하라리의 말대로 기본소득은 빈곤층의 경제적 혼란에 대한 완충작용을 하고, 대중의 분노로부터 부유층을 보호하는 방호벽이 될 수 있다.

대한민국 헌법 34조에는 '모든 국민은 인간다운 생활을 할 권리를 가진다'고 명시돼있다. 기본소득 시행은 헌법이 보장하는 생존권적 기본권에 한 발 더 다가가는 방책이 될 수 있지 않을까.

06 _ 아웃 오버 아프리카

〈아웃 오버 아프리카 Out of Africa〉는 드넓은 아프리카 대륙의 웅장함과 원시적인 자연미를 유감없이 보여주는, 영상미가 아주 뛰어난 영화이다.

그 영화에는 인상적인 대사가 있다. 자유로운 생활을 즐기는 남자 주인공이 케냐에 커피 대농장을 소유한 여자 주인공에게 하는 말이다.

우리는 여기 주인이 아니요, 카렌, 우린 그저 스쳐갈 뿐입니다

We're not owners here, Karen. We're just passing through..

무한히 존재하는 자연에 비해 유한한 존재로 스쳐 지나가는 인간이 자연을 소유하려고 집착해서는 안 된다는 뜻이 아닐까.

다음은 2021년 5월 17일 나의 페이스북 글이다.

그 찬란한 우리 모두의 금빛 모래밭은 어디로 갔을까?

대구 팔달교는 대구시 북구 칠곡의 중앙을 흐른 팔거천이 금호강으로 흘러 들어가는 곳에 놓인 다리이다.

1960년대 초, 누나와 그 팔달교 아래에서 모래찜질했던 기억이 생생하다. 그곳은 김소월의 시 '엄마야 누나야 강변 살자, 뜰에는 반짝이는 금모래 빛…'에 나오는 그 금빛 모래밭이었다. 지금은 상상하기가 어렵지만 당시는 소박한 유원지였다.

서울 사람들은 그 시대 한강 뚝섬 모래밭을 연상할 수 있을 것이다.

낙동강 유역의 역사는 3만년이라고 한다. 어쨌든 유구한 지질 역사이다. 한강도 마찬가지일 것이다. 강변에 수 만년 금빛을 발하던 모래밭은 수십 년 만에 거의 사라졌다. 순식간이었다. 건설·토목 개발로 인해 그 모래밭은 파헤쳐지고 모래를 판 돈은 개발업자의 주머니로 흘러갔다.

토지와 자연자원은 국민, 더 넓게 보면 인류 모두의 공유물이다. 조상의 것이었고, 앞으로는 후손의 것이다. 자연자원을 사용해서 생기는 이익이 있다면 그 이익을 국민 모두가 똑같이 나누는 것이 정의이다.

그런 모범적인 예는 미국 알래스카주에서 볼 수 있다. '주의 자원은 주민의 소유'라는 주 헌법에 따라 1976년 석유 등 천연자원 수입으로 '알래스카 영구기금Alaska Permanent Fund'을 조성했다. 1982년부터 기금 수익금 일부를 주 거주기간 1년 이상인 모든 주민에게 매년 지급하고 있다. 이를 '기본소득제'라고 한다.

이에 독일·스코틀랜드·핀란드·스페인·미국 일부 주 등 전 세계 곳곳에서 '기본소득제'를 실험·연구하고 있다.

...

국민 모두가 '기본소득'을 제대로 이해해야 한다. 더 이상 금빛 모래밭의 가치를 어느 특정업자가 독식하는 것을 눈 뜨고 보아서는 안된다. 땅을 비롯해 자연자원에서 나오는 가치는 국민 모두가 골고루 나누어야 한다.

기본소득에 관한 책이 시중에 많이 나오고 있다. 그만큼 관심이 뜨겁다는 말이다. 책이 많은 만큼 기본소득에는 많은 이론이 있고 관점도 다양하다.

기본소득을 공부하면서 느낀 것은 자연자원의 개발 수익을 불법과 특혜로 특정인이 독점을 하다시피 한다는 사실이다. 기본소득을 현재 제대로 시행하는 곳은 미국의 알래스카주이다. 알래스카주는 석유채굴 이익을 한 개인이나 회사가 독점하지 않고 전 주민에게 나누어 주고 있다. 그렇다. 자연자원은 그 누구의 것이 아니라 모든 사람의 것이란 걸 깨달았다.

자연을 필수불가결하게 개발하더라도 그 이익을 특정한 개인이 독점해서는 안 된다. 엄마와 누나가 즐기던 아름다운 뚝섬의 금빛 모래는 서울을 콘크리트 도시로 만드는 데 쓰였다. 통상적으로 개발업자는 로비를 통하여 불법 또는 특혜로 사업권을 땄다. 우리는 모래 채취 이익을 왜 개발업자가 고스란히 다 가져가야 하는가를 묻지 않을 수 없다.

동백섬에서 달빛 고개까지 해운대는 우리나라 최대의 관광해변이다. 1970년대 하와이에 살던 교포의 말에 따르면 해운대는 하와이 와이키키 해변보다 경관이 더 멋지다고 했다.

그 절경의 해변에 초고층 해운대 엘시티LCT 아파트가 들어섰다. 부산의 대표적인 절경의 해변에 어찌 그렇게 아파트가 들어설 수 있었을까. 개발에서 분양까지 특혜와 불법과 탈법이 난무해서 아직도 그 전모가 드러나지 않고 논란만 계속 일고 있다.

> 부동산 가치의 상승은 누군가의 특별한 노력이나 노동의 결과가 아니라, 인허가권, 도시개발계획, 공공투자와 같은 공공의 권한 행사로 발생하는 불로소득이 절대적이다. 모두가 함께 만들어 낸 성과물을 소수가 독점해서는 안된다. 모두에게 돌아가야 마땅하다.
>
> -'이재명, 한다면 한다'에서

가진 자와 힘 있는 자들은 최고급 아파트 건설과 투기를 통해 너무나 손쉽게 돈을 벌어들였다. 이제까지 일부 투기꾼들은 우리 모두의 자연을 훼손하는 범죄를 저지르며 돈을 어마하게 축적했다. 우리 모두의 것을 자신의 것으로 만들었고, 우리 모두의 몫을 자신의 몫으로만 챙겼다.

고대 로마의 정치가 키케로는 땅과 자연물은 모든 사람의 것이라고 주장했다. 18세기 사상가 토마스 페인은 "내가 주장하는 것은 자선이 아니라 권리이며, 박애가 아니라 정의"라고 말했다. 다시 말해 모두의 몫은 모두가 갖자고 주장했다.

이런 의미에서 기본소득은 공짜가 아니라 권리이며, 정의 실현의 도구이다.

자연자원과 토지는 공동 재산이다. 토지를 사용하는 대가로 세금 지대을 공적으로 징수하여 모든 이에게 분배하는 것이 기본소득의 기본이다. 자연을 개발해서 이익이 생겼다면 그 이익은 모두가 나누어 가져야 한다.

기본소득의 사상과 철학의 배경은 이러하지만, 기본소득의 재원을 '정당성' 있게 마련하는 데는 다른 의견이 많다. 물론 수구적 보수는 기본소득의 사상과 철학마저 부정하고 있지만….

기본소득의 전체적인 짜임과 실천 방향을 설정하는 것은 내 능력 밖이다. 분명한 것은 부의 양극화, 증가하는 노인 빈곤과 청년 실업, 세계 최저 출산율, 부동산 폭등 등으로 이 땅의 서민은 고통을 받고 있다. 기본소득은 이런 가혹한 문제를 풀 수 있는 첫 단추가 될 것이라고 나는 믿는다.

맹자는 자비심도 모든 사람에게 있고, 의로움도 모든 사람에게 있다고 했다.

기본소득을 맹자와 같은 마음으로 이해한다면, 기본소득은 약자에 대한 배려일 뿐 아니라 사회 정의를 실현하는 방편이라는 걸 알 수 있을 것이다.

진보적인 정치인이 진보적인 경제학자와 기본소득을 잘 조율하여 실행한다면, 우리 정치와 경제의 질적 향상에 크게 기여할 것이라고 굳게 믿는다.

07 _ 박정희 사위의 권금성 케이블카

강남훈 교수의 글을 내 나름대로 요약한 내용이다.

기원전 1세기, 키케로는 대지와 자연물은 모든 인류의 원천적
공유라고 했다.
이 원천적 공유를 사적으로 점유한 사람은 가난한 사람에 대한
부조의 의무를 가져야 한다.
그러나 '기본소득'은 가난한 사람에 대한 부조가 아니다.

18세기, 토마스 페인은 소유에는 자연적 소유와 인공적 소유가
있다고 보았다.
사적 소유물이라 하더라도 자연적 공통부가 있다. 이 공통부에
서 나오는 수익을 배당하는 것을 '기본소득'이라고 했다.

플랫폼 기업이 제공하는 마당에서 많은 대중이 뛰어놀며 '빅데이트'를 생산한다. 이러한 '빅데이트'를 활용한 기업은 막대한 수익을 올린다. 하지만 '빅데이트'에 과세하기가 쉽지 않다. 그래서 공유지분권, 공동소유권 같은 대안을 모색한다.

다양한 방식으로 공통부를 배당하면 민주주의도 발전하고, 공유자 민주주의라는 새로운 사회로 전환한다.

'기본소득'은 단순하게 생존을 보장하는 사회를 넘어서, 정의롭고 지속가능한 사회를 꿈꾸는 제도의 바탕이 되어야 할 것이다.

　　　　　　　　　　　-『모두의 몫을 모두에게』 추천의 글, 금민 지음.
　　　　　　　　　　　도서출판 동아시아. 2020

천하절경 설악산 권금성에는 케이블카가 있다. 1971년, 박정희는 첫 번째 부인에게서 태어난 딸의 남편 즉 사위에게 이 케이블카 운영 허가를 내주고 독점운영하도록 하였다. 그 사위는 박정희가 사단장 시절 부관을 지낸 사람이다.

설악산은 1965년에 천연기념물로 지정됐고 1970년에는 국립공원으로 지정되었기 때문에 이러한 케이블카 사업은 권력을 남용한 명백한 불법 특혜였다.

박정희의 사위 일가족은 50년이 지난 지금까지도 설악산 권금성 케이블카 사업을 독점운영하면서 해마다 수십억 원의 수익을 챙기고 있다. 박정희의 외손자 2명이 주식의 약 90%를 가지고 있는 등 사위 일가가 실질적으로는 주식 100%를 소유하고 있다고 한다.

국립공원인 설악산은 어느 특정 개인의 소유가 될 수 없는 국민 모두의 것임에도 불구하고 박정희는 권력을 악용하여 사적 소유로 만들어 딸과 사위 그리고 외손자들이 막대한 돈을 챙겨 자손 대대로 호의호식하게 만들었다.

국가에 돈이 없는 것이 아니라 소수가 독점하는 것이 문제이다. 공유부에 의한 소득이 국민 모두에게 돌아갈 수 있도록 국민기본소득 제도를 도입하여 모두가 행복한 세상을 만들어야 한다.

'권금성 케이블카'를 '기본소득' 관점에서 어떻게 바라봐야 하는가를 강남훈 교수에게 물어보고 싶다.

08 _ 이 사람은 누구일까?

이 사람은 2016년 6월, 국회 연설에서 이렇게 말했다.

최근 세계적으로 불평등 격차를 해소하는 방법의 하나로 '기본소득'에 대한 논의가 시작됐다는 것을 주목해야 합니다. 미국의 실리콘벨리에서도 '기본소득'에 대한 실험이 추진되고 있고, 핀란드에서는 내년에 무작위로 선정된 1만여 명의 국민에게 매달 500~700유로의 '기본소득'을 지급할 계획을 세우고 있습니다. 얼마 전 월 300만원의 '기본소득' 지급과 관련한 스위스 국민투표가 있었습니다. 부결되었지만 초기 논의 단계에서 23%의 국민이 '기본소득' 도입에 찬성했다는 것은 자본주의 시장경제도 모든 것을 시장에 맡겨서는 안 된다는 세계적 추세를 반영하는 것입니다.

왜 이재명인가?
- 기본소득과
  억강부약

4년 뒤 2020년 6월, 이 사람은 중앙 정치 무대에서 기본소득의 화두를 다시 꺼냈다.

보수가 지향하는 자유는 어떻게든 사수해야 하는 가치다. 말로만 형식적인 자유라는 것은 인간에게 아무 도움이 되지 않는다. 종교와 언론의 자유, 공포로부터의 자유, 또 궁핍으로부터의 자유도 있어야 한다는 이야기도 있다.

물질적 자유를 어떻게 극대화하느냐가 정치의 기본적 목표다. 불공정은 계속 늘어나는 데 이런 걸 어떻게 시정하고, 약자를 어떻게 보호하고, 물질적 자유를 만끽하게 해야 하느냐가 중요하다.

길가의 빵집을 지나는데 김이 모락모락 나는 빵을 보고 먹고 싶지만, 돈이 없어 먹을 수 없다면 그 사람한테 무슨 자유가 있겠냐. 그런 가능성을 높여야 자유는 늘어가는 것 아니겠나.

이 사람은 미국 대통령 가운데 가장 진보적이었던 프랭크린 루스벨트의 4가지 자유를 언급했다. 언론과 의사 표현의 자유, 신앙의 자유, 결핍으로부터의 자유, 공포로부터 자유이다.

이 사람은 과연 누구인가?

굉장히 진보적인 사람으로 비춰지지만 스스로 말했듯이 보수 인사다.

이 사람은 34년 전인 1987년에 대한민국 헌법 제119조 2항에 당시 용어조차 생소했던 '경제민주화 조항'을 신설했다.

국가는 균형 있는 국민경제의 성장 및 안정과 적정한 소득의 분배를 유지하고, 시장의 지배와 경제력의 남용을 방지하며, 경제 주체간의 조화를 통한 경제의 민주화를 위하여 경제에 관한 규제와 조정을 할 수 있다.

이 사람은 1980년대 말 지금 전 세계 자본주의 사회에서 모범이라는 칭송을 받는 '국민의료보험제도'를 건의하여 관철시킨 인물이라고 한다.

이 사람은 2012년 〈지금 왜 경제민주화인가〉란 책을 썼다. 이 책에서 경제민주화란 무엇인지를 설명하고, 재벌들의 탐욕을 견제하며, 한국경제가 가야 할 길을 제시했다.

그는 정책과제에서 양극화 해소 문제, 재벌개혁, 노사관계, 교육과 복지, 조세 재정 개혁 등 우리 사회의 당면한 굵직한 과제들에 대해 진단하고 정책 방향을 논의했다.

그 밖에 부동산 문제, 자영업 문제, 통일을 대비한 남북관계 및 미국, 중국과의 관계 정립 등을 언급했다.

이 사람은 얼마 전에 야당인 '국민의힘' 비상대책위원장을 역임한 김종인이다. 보수·진보 가르기를 좋아하는 사람은 이 이름을 들으면 강한 거부감을 느낄 것이다.

그런데 어쩔 것인가?

김종인은 2016년에 문재인 대통령이 더불어민주당 대표 시절에 선거대책위원장과 비상대책위원장을 맡았다.

나는 지난 글에서 우리나라에서 보수·진보의 나눔이 별다른 의미가 없다고 했다. 진보와 보수는 상대적 개념이다. 보수에 대비해 진보가 있고, 진보에 대비해 보수가 있기 때문이다. 오늘의 진보가 내일의 보수가 되기도 한다. 이것이 보수요, 저것은 진보란 절대는 없다.

현재 진보라고 자처하는 경제학자나 관료 가운데 김종인보다 진보적인 견해나 정무 능력이 뛰어난 사람이 얼마나 될까?

우리는 국민의 정부, 참여정부, 촛불정부의 14년 동안 진정한 진보적인 정무를 실현한 관료를 한 손에 꼽아볼 수 있을까?

물론 김종인보다 언행에서 진실로 뛰어난 진보학자와 관료가 있다. 드물긴 하지만.

마르크스가 추구했던 노동해방을 진보의 절대 기준으로 삼는 이념을 나는 존중한다. 관념이나 이론만이 아니라 삶을 그렇게 살고 있는 이들을 나는 존경한다. 하지만 우리는 진제眞諦의 붓다 나라에서 사는 게 아니라, 속제俗諦의 세속 나라에서 살고 있다.

플라톤의 이데아 세계에 살고 있는 것이 아니라, 아리스토텔레스의 일반 사회에서 살고 있다.

완전무결한 하늘 나라가 아닌 모순투성이인 땅의 나라에서 살고 있다. 엄격한 잣대로 절대 진보를, 완벽한 보수를 현실 사회에서는 찾을 수 없다.

나는 '기본소득' 논의를 할 때 김종인의 관점을 보수의 기준점으로 잡고, 거기에 상대적인 진보의 관점을 세워보자고 주장하고 싶다.

좌회전 깜빡이를 켜고 우회전하는 진보가 너무 많이 있지 않았는가. 나는 빛깔도 곱고 보수의 실력을 압도하는 진보를 기다린다.

09 _ 무상급식과 기본소득 논쟁

무상급식을 처음에는 세금급식이고 사회주의적 정책이라며 부정적으로 생각했던 사람들이 많았다. 2011년 서울시장 오세훈은 무상급식에 부정적이었다. 무상급식 시행 찬반에 시장직을 걸고 주민투표에 붙였다.

주민투표에서 최종투표율 25.7%로 투표함을 개봉할 수 있는 투표율 33.3%를 달성하지 못해, 찬반을 가리지 못한 채 투표함을 폐기했다. 이에 오세훈은 투표율 저조를 주민투표 패배로 인정하고 시장직에서 사퇴했다. 그 후 보궐선거에서 당선된 박원순 시장은 무상급식을 시행했다.

2016년 성남시에서는 처음으로 청년수당을 지급했다. 당시 많은 이들이 이 정책을 사회주의적인 포퓰리즘 정책이라고 비난했지만 지금은 서울시를 비롯한 여러 지자체에서 시행하고 있다.

왜 이재명인가?
- 기본소득과
  억강부약

10년이 지나서 서울시장 보궐선거에 다시 나선 오세훈 후보는 "매년 청년 5만명에게 10개월간 월세 20만원씩 월세 지원을 하겠다."고 했다. 무상급식을 반대했던 10년 전에 비해 오세훈의 청년수당 지급 공약은 아주 다른 세상이 온 것 같은 느낌, 격세지감이 들 정도로 엄청나게 바뀐 자세다.

편견이 오래 굳어 있으면 겉으로는 옳은 것처럼 보이기 마련이다. 이 편견과 다른 새로운 견해가 나타나면 편견은 관습을 지키려고 아우성을 치며 소동을 벌이기 일쑤다. 이성적인 대중들이 새로운 견해를 지지한다면 소동이 가라앉으며 아우성도 사라지기 마련이다.

각성한 대중의 흐름을 외면하고 편견이 고집을 부린다면 저항을 받을 수밖에 없다. 왕정시대는 왕족과 귀족의 '피의 세습'을 당연시 여겼지만, 근세 계몽시대에 들어 모든 인간은 '평등'하다는 인권 선언이 나오면서 '피의 세습'은 역사 밖으로 던져졌다. 편견이 아주 완고하게 고집을 부린다면 대중은 혁명으로 편견을 타파했다. 대표적인 예가 프랑스 대혁명이다.

정치에 관심이 없는 사람은 있을 수 있지만, 정치의 영향에서 벗어날 수 있는 사람은 있을 수 없다. 따라서 생각이 있고 교양을 갖춘 사람이라면 결코 정치 밖에서 머물지 않는다.

우리는 우리 청년들이 우리 사회를 '헬조선'으로 부르며 자괴감을 느끼는 것을 외면해서는 결코 안 된다.

우리는 우리 노인들이 OECD 국가 가운데 노인 빈곤률이 최고치라는 것을 외면해서는 결코 안 된다.

우리 사회는 실업 청년과 빈곤 노인의 고통만 있는 게 아니다. 재벌기업의 골목 상권 침투로 자영업 붕괴와 부동산 폭등으로 가계 부채 증가도 심각한 고통이다. 중산층이 붕괴하고 저소득층의 가난과 사회적인 고립감 때문에 자살률이 세계 최고를 기록하고 있다.

경제 규모가 커질수록 우리 사회는 빈부 양극화의 골이 깊어만 가고 있다. 양극화의 격차 또한 세계 최고를 기록하고 있다. 양극화 심화에는 정당화할 수 없는, 납득할 수 없는 불평등이 존재하기 때문이다. 이런 불평등의 존재 근거는 천박한 자본주의 사회의 특징인 '돈의 세습'이다. 왕조시대가 '피의 세습'이었듯이 말이다.

'피의 세습'이란 편견을 당연시하다가 혁명을 맞았듯이, 자본주의도 '돈의 세습'이란 편견을 고집하다가는 어떠한 사태를 불러올지 예측하기란 어렵지 않다. 때문에 인간의 존엄을 옥죄는 경제적인 고통이 사회 전역으로 확대하고 심화하는 데 누구도 그 책임에서 벗어나서는 안 된다. 대중의 다수가 고통을 받는다면 사회 안정은 어려워지기 마련이고, 사회 안정 없이 나의 안정이란 있을 수 없다.

부의 불평등을 바로 잡는 것이 복지정책이다. 우리는 복지정책 가운데 하나인 의료보험제도를 자본주의 사회 가운데서 멋있게 안착시켰다. 무상급식을 시행할 때는 사회주의 정책이라고 비난을 받았지만 시간이 흐르면서 이제는 그 편견에서 벗어나 보편적 복지로 자리 잡았다.

전 국민의 무상교육, 무상의료, 무상주택이 이상적이면서 궁극적인 복지이지만 현실적으로 당장 실행은 불가능하다. 천리 길도 한 걸음부터 나아가듯 '기본소득' 실행은 우리 사회가 복지사회로 다가가는 데 아주 중요한 걸음이라고 나는 믿고 있다.

10 _ 기본소득대경포럼

2020년, 4월 총선에서 더불어민주당은 약 180석의 초거대 여당이 되었다. 평소 교류가 있던 명진 스님께서 전화가 왔다. 이건 오히려 앞으로 재앙이 될 거라는 말씀이었다. 몸에 맞지 않은 옷을 입었다는 의미로 나는 받아들였다.

역시였다. 더불어민주당 지도부는 적폐 청산보다 야당인 새누리당현 국민의힘과 협치를 먼저 내세웠다. 촛불이 바랐던 적폐 청산은 물 건너갔다는 느낌이 다가왔다. 결국 더불어민주당은 2021년 4월 서울, 부산 시장 보궐선거에서 민주당 역사상 최악의 패배를 했다.

몇몇 후배와 동료들은 다음 대선을 준비하자고 연락이 왔다. 나는 1987년 이후 시민운동에만 발을 담그고 있었지, 정치활동은 하지 않았다. 주위 재촉이 점점 강했다. 8월에 정치운동에 참여하기로 결정하고 이재명 지지 모임을 만들기로 했다. 당시 이재명 지사의 여론

지지는 그리 크지 않았다.

여러 준비 과정을 거쳐 대구경북의 덕망 있는 인사들과 힘을 합쳐 〈기본소득대경포럼〉을 결성하고 2021년 2월 27일 출범식을 가졌다. 나는 상임대표를 맡았다.

다음은 포럼 출범식 날 인사말이다.

오늘 저는 여러분과 함께 생각하고자 합니다.

우리의 국가는 누구를 위해, 어떻게 존재하여야 하는가 말입니다.

우리 국가는 지난 20세기에는 몹시 불행했습니다.

나라를 빼앗겼고, 빼앗긴 나라를 찾자마자 분단되었고 곧이어 전쟁에 휘말렸습니다.

잿더미의 피폐한 경제와 독재 정치의 혼란으로 서구 언론은 우리에게 쓰레기 더미에서 장미가 필 수 없다고 조롱했습니다.

그러나 우리는 우리 민족의 타고난 재능과 악착같은 부지런함으로 고속 경제 성장을 이루었습니다.

독재에 대항한 몇 번의 위대한 민중항쟁으로 우리는 정치 민주화를 아시아에서는 가장 모범적으로 이룩했습니다.

이를 발판으로 우리나라는 21세기에 들어와 여러 분야에서 세계 최고의 기술 수준을 자랑하면서 세계 10대 경제 대국으로 성장했습니다.

1인당 GDP가 3만 불을 넘었고, 그렇게 멀리 앞서가고 있었다고 생각한 일본 경제를 추월하려고 합니다.

우리 젊은이들은 창조적 예술 재능으로 전 세계에 한류 열풍을 일으키고 있습니다.

대학 진학률은 70~80%로 세계 최고 수준을 자랑하고 있습니다.

이런 외형적 성장을 보면 쓰레기 더미에서 장미가 핀 것 이상으로 꿈의 무지개가 우리 하늘을 아름답게 장식한 것 같습니다.

과연 그럴까요?

화려한 무지개 하늘 아래 컴컴한 노동현장은 아비규환입니다.

수억원 이상 가는 고급 외제차로 몇몇 젊은이들이 유흥 거리를 질주할 때, 지하철 보수 점검하는 젊은이는 안전 수칙을 지키지 않은 사업주 때문에 목숨을 잃었습니다. 그의 가방에는 뜯지 않은 컵라면이 있었습니다. 식사할 시간도 없었습니다.

화력발전소의 석탄 나르는 컴컴한 작업실에서 혼자 일하던 젊은이는 운반 벨트에 끼여 머리와 몸이 두 동강나는 참사를 입었습니다.

이런 사례는 특수한 예가 아닙니다.

산업현장에서 이런 참혹한 참사로 목숨을 잃는 노동자가 한 해 2천명이 훌쩍 넘습니다.

수많은 해고 노동자가 차디찬 아스팔트 위에서 복직을 요구합니다.

혹독한 경쟁 입시 체제는 소수의 승자와 다수의 패자를 만들어 냅니다.

혹독한 취업 경쟁에서는 소수의 정규직과 다수의 비정규직 또는 실업자를 만들어 냅니다.

혹독한 생존 경쟁에서 소수는 특권을 누리고 다수는 생존과 인간의 존엄을 위협받고 있습니다.

그래서 젊은이들은 우리 사회를 '헬조선'이라고 부르며 자괴감에 빠집니다.

팍팍한 삶에 찌든 젊은이들은 애를 낳지 않습니다.

우리 사회는 세계 최고 수준의 초고령화 사회로 진입했습니다.

우리 사회는 세계 최고 수준의 자살률과 노인 빈곤율을 보이고 있습니다.

1960년대 이후 경제는 성장했지만 성장의 과실은 소수가 거둬 갔습니다.

1960년대는 상위 10%가 전체 소득의 20%를 차지했지만 2020년 즈음에는 상위 10%가 전체 소득의 50%를 차지했습니다.

다시 말해 옛날에는 열 명 중 한 명이 아홉 명보다 2배 잘 살았지만, 지금은 5배 잘 살고 있다는 뜻입니다.

우리 사회를 피폐하게 만드는 대표적인 사례가 부동산 폭등입니다. 이는 정당화할 수 없는, 납득할 수 없는 불공정, 부정의, 불평등입니다.

정당화할 수 없는, 납득할 수 없는 불의는 우리 사회가 '피의 세습'이 아닌 '돈의 세습'을 통해 소수들만의 완고한 특권을 형성했기 때문입니다.

불공정, 부정의, 불평등의 희생자를 구제하는 제도가 복지제도입니다.

특권 소수의 횡포에 다수의 인간 존엄을 지키자는 제도가 복지제도입니다.

우리 경제 규모가 이만큼 커졌으면 국가는 인간으로서 최소한의 생존과 존엄을 위하여 모든 국민에게 기본소득을 보장해 주어야 합니다.

이런 호소를 국가에 요구하기 위해서 우리는 오늘 이 자리에 모였습니다.

기본소득이 최상의, 최선의 복지제도라고는 저는 결코 생각하지 않습니다.

기본소득이 문제점이 없는 완벽한 복지제도라고 저는 결코 생각하지 않습니다.

기본소득이 궁극적인 복지제도가 아니라고 저는 생각합니다.

하지만 최상의, 최선의 완벽한 복지제도 실현이 천리 길이라면, 기본소득은 그 천리 길을 향한 중요한 한 걸음인 것을 저는 확신합니다.

앞으로 모든 국민이 최소한의 생존과 존엄을 지키기 위한 제도로써 기본소득 문제를 여러분과 머리를 맞대고 논의하고 싶습니다.

오늘 기본소득에 관심을 주신 여러분께 진심으로 고맙다는 말씀을 드립니다.

2021년 2월 27일

〈기본소득대경포럼〉 상임대표 송필경

제7장
새로운 정치 새로운 지도자

01 _ 긍정의 배신

불교에서 깨달음에 이르는 하나의 수단으로 부정적 방법을 사용한다. 인도의 대승불교가 중국인에게 가장 큰 영향을 끼친 것은 불성佛性 때문이었으며, 참다운 불성을 찾기 위해 이른바 형이상학의 부정적 방법을 사용했기 때문이다.

인도철학의 〈우파니사드〉 사상가들이 주장한 'neti, neti'방법, 즉 '이것도 아니고, 저것도 아니고…' 하면서 불성 개념의 실체를 찾아나가는 것이 부정적 방법론이다.

기독교인으로서 반드시 지켜야 할 규범은 십계명이다. 이 또한 '무엇 무엇은 절대 하지 말라'라는 부정적 방법이다. 아무리 신앙심이 깊은 사람이라도 십계명을 어기고서는 참된 기독교인이 될 수 없다.

종교가 추구하는 궁극적인 행위는 사랑이나 자비 같은 긍정적 요소이지만, 종교인으로서 기본적으로 갖추어야 할 자질을 부정적 방법으로 판단했다.

사람을 평가하는데 되도록 긍정적으로 보는 것이 더 좋다는 데에는 다른 의견이 있을 수 없다. 그러나 말이나 생각을 포함한 사람의 행위는 실로 다양하며 이것을 모두 긍정적으로 평가한다는 것은 굉장히 어려운 일이다. 특권을 누리는 고위공직자나 정치인에게 마냥 긍정적이기는 더욱 그러하다.

부정적인 방법은 선거 정치에서 사용하는 사생활을 빌미로 네가티브 전략 즉 음모나 마타도어 같은 음흉한 정치 전략하고는 근본적으로 다르다.

오늘날까지도 우리 정치가 미성숙한 근본적인 원인은 친일 잔재를 청산하지 않은 데서 찾아야 한다. 친일행각에 뛰어난 영악했던 몹쓸 사람들이 해방 이후에도 우리 사회의 핵심 권력을 계속 장악하여 오늘까지 이어왔다.

쿠데타 세력과 그에 빌붙은 세력 또한 도덕적 반성이 없었다. 그리하여 윗물부터 부패할 수밖에 없었고 그러한 업보가 해방 후 75년 넘게 우리 정치를 혼탁과 미몽에서 헤어나지 못하게 하고 있다.

우리 정치가 선진화하려면 정치인을 십계명 같은 엄격한 규율로 규제하고 성숙한 시민 여론으로 도덕성을 검증하여 정치 불량자를 걸러내야 한다. 부패혐의자, 병역을 기피한 자, 반민족적 행위를 한 자, 민주질서를 유린한 자, 지역감정을 조장한 자, 투기 세력은 정치인으로 발을 못 붙이게 하는 것이 도덕성 검증의 목적이어야 한다. 도덕성 검증을 빌미로 확인되지 않은 사생활 문제를 끄집어내자는 것은 아니다.

2000년 무렵 우리나라에 인사청문회법을 도입했다. 이후 20년 동안 우리 정치 현실은 맑아졌는가?

2021년 벌어진 서울과 부산의 시장 보궐선거를 보니 반드시 청산했어야 할 부패 정치인들이 기승을 부리고 있다. 그러한 도덕 불감증 정치인들이 고개를 빳빳이 하고 마음껏 뛰어놀 수 있는 마당은 집권 여당인 더불어민주당의 방임이 제공했다. 때문에 역사의 피가 거꾸로 돌 듯 현기증이 난다.

지난 4월 서울·부산 시장 동시 보궐선거의 여론이 불리해지자, 더불어민주당 당대표와 원내대표는 집권 이후 처음으로 굴욕적인 사죄를 했다. 그 모습은 1년도 채 안 된 지난 2020년 총선에서 폭망한 미래통합당현 국민의힘이 국회 현관에서 무릎 꿇고 사죄한 모습을 연상케 하였다.

더불어민주당은 불과 1년 전인 지난해 의회 권력을 압도적으로 장악한 뒤에도 적폐세력을 응징하기보다는 그들과 협치를 주장했다. 1년도 남지 않은 대선을 앞두고 확실히 청산했어야 할 적폐세력에게 뒤통수를 된통 맞으면서도 진정으로 반성하는 기미는 아직도 보이지 않는 것 같다.

우리 시민사회는 불교에서 부정 'neti, neti'적 방법이나 기독교의 10계명의 개념을 빌어 정치인에게 용납할 수 없는 최소한의 자격 미달 기준을 진작 제대로 만들었어야 했다.

그러면 최소한의 검증이라도 통과할 야당 정치인은 거의 없다시피 할 것이며, 여당에서조차 기준에 적합한 정치인이 과연 얼마나 남을지 의문이다. 촛불정부에서도 청문회 인사검증 부적격자가 그대로 임명된 경우가 과거 정부와 다름이 없었다.

물론 야당인 국민의힘보다는 더불어민주당이 상대적으로 나은 것은 틀림없지만 오십보백보다. 180석의 거대한 여당이 100여 석의 허약한 야당보다 더 나은 오십보라 하더라도, 시민에게는 더 역한 감정이 솟기 마련이다.

명확한 거짓보다 위선에 더 심한 악취를 느끼는 사람들이 많다. 즉 믿는 도끼에 발등 찍히듯, 긍정에 배신을 당할 때 더더욱 쓰라리다.

미국 독립선언에 결정적인 영향을 끼쳤고, 프랑스 대혁명에서 저 고귀한 '인권선언'을 이끌어 낸 토마스 페인1737-1809은 이런 말을 남겼다.

우리 속엔 세상을 새롭게 시작할 힘이 있습니다.

이 말은 인간의 마음속에는 어떤 어려움이 닥쳐도 세상을 헤쳐 갈 힘이 있다는 믿음이다. 250여 년 전의 말이지만, 새로운 힘을 믿는다는 것은 시대의 역경에 제한을 받지 않는 영원한 사회 정치개혁의 동력이다.

지금, 여기, 우리에게 이 호소는 절실하다.

우리에게 새로운 힘은 최소한의 인간 존엄을 이해하고 확신하고 실천하려는 의지다.

내년에 우리는 우리의 힘을 구체화할 새로운 지도자를 뽑아야 한다.

가장 바람직한 지도자는 '민중의 열망을 한 치도 낭비하지 않는' 자질을 갖추어야 할 것이다.

02 _ 화이부동和而不同, 동이불화同而不和

올바른 가르침을 설파하기 위해 이 마을 저 마을 떠돌던 사람이 있었다.

어느 마을을 지나는데 마침 한 무리의 아이들이 떠들며 놀고 있었다. 그가 가까이 오자 한 아이가 질문을 했다.

"당신은 스스로 현명하다고 하는데 이 질문에 답해 보세요. 해는 아침에 가장 크게 보이고 낮에는 가장 뜨거운데, 해가 언제 땅과 가장 가깝지요?"

현명하다는 그 사람이 대답을 하지 못하고 우물쭈물하자, 동네 아이들은 까르르 웃으며 '그것도 모르면서 어찌 남을 가르치려 하느냐' 하며 놀렸다.

이 이야기는 이나라 저나라를 떠돌던 공자에 대한 20세기 우화이다.

요즈음은 이 정도 과학 문제는 중학생만 되어도 쉽게 대답할 수

제7장
새로운 정치,
새로운 지도자

있다. 자연과학에 대한 지식은 공자 당시 2,500여 년 전보다 어마어마하게 발전했다. 지구 어느 지방에서 어느 날 몇 시 몇 분 몇 초에 개기일식이 일어난다는 것을 정확히 예측하는 자연과학 지식은 정말 놀라울 정도다.

그러나 공자가 이 마을 저 마을 떠돌며 그토록 호소한 인간다움에 대한 윤리의식 수준이 과학지식의 축적에 걸맞게 발전했냐는 질문에 그렇다고 자신 있게 대답할 사람이 있을까?

윤리적인 측면들은 오히려 퇴보한 게 아닐까?

나는 대학 시절, 논어를 처음 읽었을 때에는 고리타분한 고급 잔소리쯤으로 이해했다. 그 뒤 사회의식이 생기고 나서 '화이부동和而不同, 동이불화同而不和'란 공자 말씀을 접하고는 무릎을 딱 치면서 공자에 대한 이해를 완전히 달리했다.

'동이불화'의 소인배는 윤리적 원칙과 의를 팽개치고 오직 이익만을 위해서는 남과 잘 어울리지만 진정한 화합和合을 이루지 못한다,

'화이부동'의 군자는 남과 어울릴 때 이익을 쫓지 않고 윤리적 원칙과 의義를 지키며 화목하되 다른 사람의 속물근성을 따라가지 않는다.

인간 마음 깊숙이 자리 잡은 속물적 욕망 때문에 일어나는 사회적 갈등을 공자보다 더 예리하게 심리적으로 관찰한 예는 없으리라.

우리 사회는 무리 짓는 것을 좋아하는 모양이다. 동문회, 향우회, 전우회 같은 특정 인연을 기반으로 한 모임이 많다. 산악회, 기우회, 조기축구회 같은 취미를 즐기는 동호회 모임도 있다. 자유총연맹 같

은 관변 단체도 숱하게 있다. 의사협회, 변호사협회, 상공회의소 같은 이익 집단도 있다. 인연이나 취미나 이익으로 무리 짓는 집단은 거의 예외 없이 동이불화의 소인배 모습을 보인다.

동이불화 하면 먼저 정당을 꼽을 수 있다. 국회에서 파렴치 부패 범죄를 저지른 동료 의원의 체포 동의안을 부결시킨 사례가 많다. 상대방을 잔인하게 공격하면서도 의원 세비를 올린다거나 자신들의 특권을 강화하는 이익 문제에는 여야와 합리성 여부를 초월하여 일치단결한다. 정치 윤리를 내팽개치면서 말이다.

우리나라 국회의원의 행실은 모리배 같은 소인배 면모를 유감없이 보여주고 있다. 정치 집단뿐만 아니다. 심지어 지성의 전당이라 하는 대학에서도 총장 선거 때가 되면 교수들이 장삼이사와 다를 바 없는 파벌을 만들어 소인배 행동을 거침없이 나타낸다.

내년에는 대선이 있다. 사람들이 자신의 이익에 따라 이합집산하는 정치의 계절이 닥쳤다.

내가 속하고 있는 집단만이라도 이익을 쫓는 동이불화가 아니라, 가치를 쫓는 화이부동이 되길 빌어본다.

03 _ 세대 유감

실패의 경험 없는 승리에 대한 확신, 조직력을 바탕으로 한 강고한 투쟁력, 타협하기 어려운 상명하복의 교조적 문화, 다른 목소리를 포용하지 않는 적대적 계파주의가 이른바 386 DNA로 자라났다.

자나 깨나 민주주의를 원했던 386세대가 진정한 민주주의자로 남을 수 없는 한계는 이런 DNA 때문이 아닐까.

당시 이들은 민주주의를 쟁취하려 노력했을 뿐, 민주주의를 즐겁게 향유하는 법을 익히지는 못했다.

-김정훈, 심나리, 김향기 공저, 세대 유감.

역사는 변곡점을 지나면서 질적 변화를 추구했던 의도대로 흘러가지 않는 사례가 많다.

마오쩌둥毛澤東; 1893~1976은 '대장정'이란 인류 역사에서 보기 드문 고난을 겪으며 광활한 중국 대륙을 붉게 물들였다. 중국 대륙에 찌든 봉건 왕조의 5천년 때를 벗겨내기 위해 문화혁명을 일으켰으나 현실에서 참담한 실패를 경험했다.

문화혁명에서 용케 살아남은 덩샤오핑鄧小平; 1904~1997은 집권하여 실용주의 노선을 택하자 중국은 걷잡을 수 없이 천박한 자본주의로 이행했다.

호찌민은 남루한 농민을 이끌고 인류 역사상 최대의 산업국가인 미국의 침공을 정면으로 맞받았다. 충실한 후배들은 호찌민의 사후에 '민족의 독립과 자유보다 소중한는 것은 없다'는 호찌민의 신념에서 한 치도 벗어나지 않고 민족해방을 이루었다.

하지만 미국의 완고한 경제봉쇄를 견디지 못하고 개방하여 자본주의 경제도이모이를 받아들이면서 천박한 자본주의로 이행했다.

대장정의 투사들이, 민족해방전선의 전사들이 왜 자본주의에 매몰되었을까?

중국과 베트남의 이 두 사례는 나의 역사 관점에 많은 의문점을 던져 주었다.

그 원인에 많은 고민을 하던 중 당송 8대가로 추앙받는 대문장가이며, 고위 공직자로 정치적 부침이 심했던 소동파蘇東坡; 1037~1101의 글을 읽고 무릎을 쳤다.

환난은 함께 겪을 수 있으나 즐거움을 함께 나누기는 어렵다.
겨울날의 양지, 여름날의 그늘에는 부르지 않아도 사람이 스스로 찾아든다. 可與共患難, 不可與共逸樂, 冬日之陽, 夏日之陰 不召而自來

1987년 6·10항쟁과 2017년 촛불혁명은 우리 역사에서 커다란 변곡점이었다고 할 수 있다.

6·10항쟁 이후 들어선 문민정부, 국민정부, 참여정부에서 과거의 민주화 투사들을 지칭하는 386세대, 촛불혁명 이후 들어선 촛불정부에서는 586세대들이 대거 정치에 참여했다. 지금 이들의 정치 참여에 부정적 시선이 가득한 점을 부인할 수 없다.

386또는 586 세대들의 민주주의 쟁취를 위한 헌신에는 깊은 존경을 표해야 마땅하리라.

그러나 그들의 일부가 주도적으로 펼치는 정치의 미숙함과 오만과 독단 때문에 현재의 그들 모두를 쉽게 긍정할 수가 없다.

1789년 인류사에 길이 남을 프랑스 대혁명은 200년이 넘게 아직도 진행 중이다. 가까이 1968년 유럽에서 일어난 위대한 '68혁명'의 주인공들이 비루한 보수주의자로 남은 예가 많다고 한다. 동서양을 막론하고, 인간의 마음은 역사 발전에도 불구하고 결코 쉽게 변하지 않는 것 같다. 이렇듯 삶의 질은 단박에 비약하기가 그리 쉽지 않은 것이 바로 역사다.

올바른 정부란,

겨울날의 양지가 되고

여름날의 음지가 되는 것이 아닐까?

혼란스러운 지금, 우리는 촛불이 원했던 정치 질서와 다른 이른바 개혁세력이 보여주고 있는 지적 능력의 한계에 더욱 고민해야 하지 않을까?

훅 불면 꺼지는 촛불의 의미를 다시 생각하며 바람직한 법체계와 정치체계를 찾기 위해 대낮에 촛불을 켜고 돌아다니고 싶다.

나는 내년 대선에서 서민의 아픈 마음을 헤아릴 줄 아는 개혁적인 정치지도자를 꼭 찾기를 소원한다.

영화 '쇼생크의 탈출'의 주인공은 억울하게 종신형을 선고받고 감옥에 갇힌다. 지혜와 각고의 노력으로 기어이 탈출한다. 그가 어마어마한 시련을 이겨낸 동력은 자유를 향한 '희망'이었다.

우리 사회는 소수 힘 있는 자의 특혜 불공정 때문에 힘없는 서민들은 공정하지 않고 평등하지도 않은 비인간적인 삶에 신음한다. 내년 대선에는 '공정과 평등의 세상'에 확고한 믿음이 있고 이를 실천할 수 있는 지도자가 반드시 나타나리라는 '희망'을 나는 포기하지 않으리라.

'희망'은 감옥의 장벽도 허물었다.

04 _ 별마당도서관

서울 지하철 2호선 삼성역과 통하는 코엑스 건물에 '별마당도서관'이 있다. 천장의 높이는 약 13m 정도이고 그 높이에 달하는 책장 4개가 있다. 넓은 공간에서 많은 책을 누구나 자유롭게 볼 수 있다. 이 도서관에 있는 책은 몇 권이나 될까? 수만 권 혹은 수십만 권?

지금, 오늘 우리의 발등에 떨어진 정치적 고민은 바람직한 법체계 또는 정치체제의 근거를 어디에서 찾을 것인가가 아닐까? 별마당도서관의 저 많은 책을 읽으면 힘없는 사람을 옥죄는 우리 법체계와 정치체제의 모순을 해소할 수 있을까?

볼테르는 수천만 권의 책도 우리의 영혼이 무엇인지를 가르쳐주지 못한다고 했다.

다시 말해 스스로 철학적 성찰을 하지 않는다면 배운 사람의 책 지식은 인습과 관습의 틀 또는 아집과 편견의 틀에 갇히거나 왜곡될 수 있다는 말로 나는 해석한다. 물론 아직 인간의 능력으로는 영혼을 파헤칠 수 없지만 말이다.

'별마당도서관'에 있는 책의 양만큼 많은 지식의 양을 지닌 사람이 있다고 나는 본다.

그러나 지식이 아닌 이성의 지혜와 용기를 가진 사람은 있을까?

이런 사람을 찾기 위해 2천 수백 년 전, 중국의 공자는 대륙을 두루 돌아다녔고, 그리스의 디오게네스는 대낮에도 등을 켜고 아테네 시내를 돌아다녔다.

집값은 돌이킬 수 없을 정도로 폭등했고, 코로나 사태로 비정규직 일자리마저 팍팍하다.

우리 사회는 얼마나 더 많은 자살자가 나와야 하고, 우리 사회는 얼마나 더 많은 김용균을 희생자로 삼아야 하는가?

해마다 돌아오는 크리스마스의 계시가 들려온 지 2천 년이 넘었다.

힘없는 사람들에게 계시의 빛을 언제 비출까?

원수까지도 사랑하라는 그 계시 말이다.

반드시 기억하라. 하나의 선은 다른 선과 관계에서만 존재할 뿐 결코 혼자서는 존재할 수 없다.

이미 말한 미술가 앙리 마티스의 말이다.

우주의 모든 사물은 홀로 독립된 것이 없고 모두 관계를 맺으며 존재한다는 심오한 철학이다. 세계는 이것이 있으니 저것이 존재하는, 이른바 불교에서 말하는 연기緣起의 관계를 형성하고 있다. 눈으로 볼 수 없는 땅속의 뿌리가 있기에 우리는 저 푸른 나뭇잎을 볼 수 있다. 그뿐 아니다. 뿌리를 담은 흙과 흙에 생명을 주는 비와 공기와 태양, 그리고 영양을 공급하는 수많은 미생물이 있기에 우리는 나뭇잎의 푸름을 보는 것이다.

부분의 특성은 전체의 특성을 이해해야 한다. 연기적 관계에서는 뚝 떨어지는 부분이 있을 수 없기 때문이다. 내 삶도 마찬가지다. 나 홀로 사회에서 존재할 수 없고, 경제, 문화, 제도 등의 모든 사회 관계망 속에서 나는 존재한다. 모든 사회 관계망을 연결하는 그물망이 바로 정치다.

내 삶이 발전하기를 나는 바란다.
더불어 내 손녀들의 삶이 우리 세대보다 더 새롭기를 간절히, 간절히 바란다.
때문에 경제, 문화, 제도가 더 새롭게 발전하도록, 다시 말해 정치가 반드시 발전하도록 나는 노력할 것이다.

05 _ 정치의 이상과 현실

사마천이 쓴 53만여 자 130권의 〈사기〉는 2,200여 년이 넘는 동안 역사서 가운데 누구도 넘볼 수 없는 최고 권위를 지녔다. 그 가운데 일반인에게 가장 영향력을 끼친 책은 70여 권으로 된 〈사기열전〉이다. 교과서에 나오는 주옥같은 이야기가 많다.

사마천은 역사에서 도덕 윤리를 으뜸으로 삼은 역사가였다.

〈사기열전〉의 첫째편인 '백이열전'에서 백이와 숙제는 이 세상은 올바르지 못한 악의 세계인만큼 타협할 여지조차 없는 타락한 세계로 보았다. 그런 현세에 절망한 나머지 백이와 숙제는 굶어 죽었다. 사마천은 백이와 숙제가 신념을 굳게 지키면서 죽은 행위를 순수한 이상주의로 숭상하며 사기열전의 첫 장을 열었다.

사기열전의 마지막 편인 '화식열전'은 상공업으로 재산을 모은 인물들의 이야기다. 화식貨殖은 돈 버는 방법을 말한다. 이 열전에서는 물질의 중요성 즉 경제생활을 중시하는 현실주의를 논했다. 사마천은 사기에서 이상주의자인 '백이숙제'를 가장 먼저 언급한 후, 현실주의자인 '돈 번 상공인'을 가장 나중에 언급했다.

사마천은 철학자가 아니라 역사학자였다. 철학의 이상과 현실 사이의 모순을 포착하는 일을 역사가의 중요한 의무라고 생각했다. 사마천은 도덕적 이상을 존중하면서도 물질이 가진 현실적인 힘을 알았기 때문에 역사를 객관적으로 바라볼 수 있었다.

인간의 윤리적 도리와 인간의 경제적 이기심은 현실 역사에서 언제나 대립했다. 역사는 때로는 명분과 이익이 정의와 불의로 변질하면서 굴러갔기 때문이다. 나는 정치도 마찬가지라 생각한다. 정치에서 윤리적 도리를 으뜸으로 삼아야 하지만 때로는 정치적 이기심을 도외시하기는 힘들다고 본다.

내년 대선, 이른바 '정치의 시간'이 우리 앞에 놓여 있다. 자신이 선택한 후보에게 일편단심을 보이는 사람도 있고, 누가 더 유력한 후보가 될지를 가늠하며 눈치 보기에 열중하는 사람도 있다.

유력 후보에게 줄서기를 하는 지지 세력은 다양하다. 그 유력 후보의 정치 성향이 자신의 도덕적 잣대와 맞아서 지지하는 사람도 있고, 오직 유력 후보에게 줄을 서서 정치적 이익을 보려는 사람도 있다. 여러 세력 가운데 한 세력에 줄을 섰다가, 좀 더 강력한 세력이 생겼다 싶으면 그쪽으로 바꿔 타는 사람도 많다.

누가 옳은 사람인가?

자신이 선택한 세력을 따라 묵묵히 가는 사람인가, 아니면 더 유력한 세력이 나타났다고 판단되면 재빨리 변신하는 사람인가.

사마천을 다시 태어나게 해 묵묵한 사람과 재빠른 변신을 한 사람 가운데 누가 옳은 사람인지 고르게 한다면, 사마천은 이상과 현실의 난감한 정치 상황에 고개를 절레절레 흔들지도 모른다.

30년 넘게 언론인으로 활동하며 정치부 기자로 명성을 쌓아온 김정모 박사의 글을 소개한다. 청와대 출입기자 시절인 2017년 1월에 이재명 당시 성남시장과 한국 정치를 날카로운 매의 눈으로 분석한 이 칼럼은 4년의 시간이 지난 지금도 여전히 우리에게 시사하는 바가 크다.

이재명 성남시장이 이번 대선판에 새로운 변수라는 게 국제사회의 진단이다. 미국 경제방송 CNBC가 반反 기득권 정서가 확산되면서 한국 유권자들이 이 시장에게 주목하고 있다고 지난해 12월 12일 보도했다. 오랜 정치 부패와 정경유착, 연고주의에 불만을 드러내고 있는 측면이 크다고 했다.

지난해 11월 하순 블룸버그 통신도 '이 시장은 한국의 버니 샌더스'라고 했다. 블룸버그는 '한국인들은 샌더스 대신 힐러리 클린턴을 민주당 대선후보로 선택했던 미국인들의 실수를 반복해서는 안 된다'는 충고까지 했다.

샌더스가 제기한 소득과 부의 불평등에 미국 대중은 환호했다. 올해 우리 대선도 최대 쟁점 중 하나로 떠오를 것이다. 87년 이후 역대 민주정부도 보수 지역정당인 양당 담합 정치체제의 하나에 불과했다. 서민들이 먹고사는 문제는 나아지지 않았다. 빈부격차 해소, 재벌체제 해체 등을 주장해온 이 시장이 '87년 체제' 이후 누적된 한국의 모순을 해결하지 못하는 정치에 시원한 '사이다' 역할을 하고 있다.

이 시장은 대통령이 된다면 이 나라의 '기득권층 카르텔'을 없애버리겠다고 했다.

그는 경상북도 안동에서 태어난 경주이씨다. 한때 '공돌이'라 불리는 노동자 출신이다. 중등교육을 받아야 할 나이인 10대 때 공장에서 일하다가 사고를 당해 왼팔이 구부러져 있다. 그는 검정고시로 대학을 가 사법시험을 통해 변호사가 되어 일거에 인생판을 바꿨다. '나와 같은 보통 사람의 삶에 관심을 갖고 돌봐줄 것 같은 사람'이라는 이미지가 생긴 연유다.

관심이 온통 대선 후보감에 쏠려있다. 하지만 정작 빠져 있는게 있다. 무엇을 해결하는 대통령을 뽑을 것인가. 정치적 정체성을 알기 위해 흔히 보혁보수혁신, 요즈음은 보수 진보 구분이 있지만 단언컨대 그건 서양 선진국의 구분이고 한국에는 그런 기준을 적용할 수 있는 정당체제가 아니다.

현재의 우리 삶을 규정하는 체제를 유지하려는 수구守舊와 이를 바꾸려는 개혁, 이 두 가지로 선명하게 보면 된다. 수구 인사들이 현재 여야 정당에 둥지를 틀고 보수와 진보로 위장해 혹

세무민하고 있다.

적폐 청산과 진정한 대의 민주주의의 회복, 우리가 살고 싶은 새로운 공화국은 이 두 가지를 먼저 해결하는 데서 출발한다. 문제 제기는 쉬우나 해결은 쉽지 않다. 대선과정에서 유권자들의 분노를 자극하기보다는 해결할 대책을 제시해야 한다.

서민의 애환이나 이 나라의 문제가 무엇인지조차 모르고 저 높은 곳에서 정치를 '생계'로, '취미'로 삼고 있는 국회를 보면 더욱 걱정이다.

- 이재명과 샌더스, 김정모, 경북일보, 2017. 1. 17

06 _ 21세기의 리더십

존 록펠러씨는 재산이 얼마 없는 가정에서 자란 것을 자신에게 내려진 축복 중 하나로 꼽는다고 회고록에서 말하고 있다. 그렇지만 그는 자기 자녀들은 이런 축복을 누리지 못하게 하느라 애써왔다.

20세기의 석학 버트런드 러셀의 말이다.

2010년 2월 5일, 이건희 회장은 아버지 호암 이병철 탄생 100주년 기념식에 참석해 '거짓말 없는 세상이 되길 바란다. 모든 국민이 정직했으면 좋겠다.'라고 하자 세상의 언론은 명언이라고 찬사를 늘어놓기 바빴다. 하지만 자신과 자신의 아들은 정직하지 못한 뇌물죄로 지탄을 받으며 감옥에 갔다.

석유왕 록펠러는 19세기 말부터 20세기 중반까지 미국의 석유

95%를 장악한 그야말로 공룡 기업인이었다. 록펠러그룹은 석유로 번 돈으로 돈이 되는 일이라면 무엇이든 서슴지 않은 악덕 재벌의 전형이었다. 그 당시 미국에서 우리나라로 치면 삼성과 현대를 합친 것보다 더한 경제적 영향력을 행사했다.

프랭클린 루스벨트 대통령재임 1933~1945은 록펠러에게 개인 소득세 최고세율 78%를 적용하여 록펠러 재벌을 해체했다. 루스벨트가 록펠러 재벌을 해체하려 하자 의회와 법원의 저항은 상상을 초월했다.

하지만 루스벨트는 노변담화爐邊談話; 따뜻한 난롯가에서 허물없이 나누는 이야기라고 부르는 라디오 방송을 통한 대국민 소통 방식으로 국민의 지지를 끌어내면서 기득권의 저항을 분쇄했다. 국민의 호응을 바탕으로 한 저돌적 리더십은 루스벨트로 하여금 미국 역사상 유일무이하게 4선을 역임한 대통령이 되게 했다.

새벽에 버트런드 러셀의 글을 읽으며 두 생각이 떠올랐다.

하나는 러셀의 고품격 유머다. 러셀은 20세기를 대표하는 수학자이자 철학자였지만 노벨문학상을 받았다. 그는 사소한 일상의 문제를 유머러스한 문체로 진실을 세상에 드러내어 지혜로 삼는 마법을 지녔다.

또 하나는 개혁을 국민에게 호소하여 국민의 지지와 호응을 끌어내면, 법조계검찰과 법원의 저항을 무력화하는 것은 물론 경제 공룡 삼성을 해체할 수 있다고 생각한다. 나는 앞으로 그러한 리더십이 있는 지도자를 선택하겠다. 내가 오래 살다 보면 우리에게도 세상의 모든 특권과 기득권을 분쇄하는 그런 지도자가 반드시 나타나리라 굳게 믿는다.

21세기의 리더십은 신비로운 카리스마가 아니다. 리더십은 인격의 위대함이 아니라, '어떻게 살았는가'하는 삶의 과정에서 형성된다. 다시 말해 리더십은 현실을 뼈저리게 고뇌하고, 안타까워하고 괴로워하는 것에 그치지 않고 문제의 해결을 찾을 때 생긴다.

07 _ 가슴 뛰는 삶

혐오할 수밖에 없는 '광주 학살자' 전두환을 향한 분노가 기어이 폭발한 사건이 1987년, 6월항쟁이다. 항쟁의 주체는 학생은 물론 노동자와 중산층이 다수였으며, 그들의 분노는 도심 지역의 모든 거리를 '전쟁터'와 다를 바 없이 만들었다.

전두환이 후계자로 지명한 노태우는 항쟁의 심각성을 알고 대통령 직선제 수용, 김대중을 포함한 정치범 사면, 기본권 보장 등이 담긴 6·29선언을 발표했다. 이 간단한 조치로 노태우는 그럴듯한 대통령 후보가 되었다. 자신만만했던 민주진영은 분열했고 12월 선거에서 결국 노태우가 승리했다.

1987년 민주진영의 패배와 군부 세력의 승리는 '광주항쟁'에 이은 '박종철 사망', '이한열 사망'을 헛된 것으로 만들었다. 그 결과로 도저히 민주주의에 어울리지 않는 박정희 · 전두환의 후예인 '국민의힘'이라는 정당이 지금까지도 활개를 치고 있지 않은가.

지금 민주당은 어쭙잖은 자만심으로 분열하고, 위기를 겪은 국민의힘은 단결한다.

어찌 역사가 반복되지 말라는 법이 있는가.

올해 대구의 '6.10 민주항쟁 34주년' 기념식은 조촐했다.

자랑스런 6.10 항쟁이 왜 점점 잊히는가?

민주진영이 분열되면서 민중의 피와 땀을 배반했기 때문이 아닐까?

더불어민주당 대선후보 계파들의 잇속 차리기가 참말로 꼴불견이다.

나는 요즘 정치권에서 '복지'에 관한 이야기가 나오면 가난한 자와 힘없는 자에게 연민을 느끼며 순수하게 받아들이지 않고 유치하게 이것저것 따지며 꽈배기처럼 배배 꼬는 딴에 유식한 사람을 많이 본다.

우리 사회에서는 지적 탐구를 통해 문제 상황을 지혜롭게 파악하기보다는 지식만 내세워 우격다짐으로 문제 상황을 자의적으로 해석하는 너그럽지 못한 부류가 많다. 지식의 양만으로는 결코 지혜로울 수가 없다. 우리 사회에서 전문직에 있는 사람일수록 이런 경향이 심하다.

다시 말해 전문직일수록 순진하지 않고, 너그럽지도 않으며 지혜롭지 않다는 사실이 우리 사회의 비극이다. 좋은 말은 좋은 말이고, 좋은 정책은 좋은 정책이구나 하는 인정할 줄 아는, 어린애다운 순수함을 우리 사회 특히 정치권에서는 빨리 되찾아야 할 것이다.

개는 지구 반대편에 있는 개들이 어떤 수난을 겪는지 알지 못한다.

그러나 인간은 지구 반대편 인간들이 겪는 수난을 모르는 채 시널 수 없게 됐다.

코로나가 전 세계적으로 확산되자 음악 도시 비엔나는 Gala축제라는 말이 무색하게 객석이 텅텅비는 쓸쓸한 수모를 받고 있다.

한반도 구석에 있는 대구 촌놈의 치과도 지구상의 수난을 비켜 갈 수 없다. 코로나는 이 점을 확인하게 했다.

어디서 일어나던 전쟁에 따른 수난도
어디에나 있는 빈곤에 따른 수난도
결코 비켜날 수 없음을!

아름다운 무지개를 보면 가슴이 뛰는, 그러한 사람으로 나이 들어가도록 노력하리라!

08 _ 노무현을 넘어!

존재Being를 나타냄으로써 역사의 사명을 완수한 사람이 있다.

우리의 가까운 역사에는 노무현이란 인물이 있었다.

기존 정치의 유산과 배경 없이 홀로 이룩한 존재감이었다.

천애 고아처럼 완고한 기득권을 혼자 돌파하기엔 역부족이었다.

생성Becoming의 정치를 하기에는 한계가 있어,

완고한 기득권의 틀을 부수지 못해 비극을 맞았다.

오, 위대한 시민의 촛불은

그 완고한 기득권의 틀을 마침내 부셔버렸다.

이제 정치인 존재Being의 외형에 맹목적인 신뢰를 하기보다,

정치인이 지닌 생산성Becoming에 주목해야 한다.

정치인이 지닌 내용Contents을 따져봐야 한다.

이제는 정치인의 존재에 의존하지 말고

정치인의 생산성과 내용을 살펴보자!

왜 이재명인가?
- 기본소득과
  억강부약

09 _ 두려운 일

나는 두렵습니다.

강이 얼지 않는 겨울과

북극과 남극의 빙하가 점점 사라진다는 사실이.

나는 두렵습니다.

인간이 파괴한 생태계에서 탈출한

바이러스가 인간을 공격하는 게 아닌지.

나는 두렵습니다.

우리 젊은이의 꿈을 앗아가는

경제 양극화와 부동산 폭등이.

나는 두렵습니다.
아이들이 배에 갇혀 바다에 가라앉아
못다 핀 생명을 잃어도 왜 굳이 그 이유를 안 밝히는지.

나는 두렵습니다.
나에게는 이 세상을 아름답고 정의롭게
가꿀 수 있는 힘이 없다는 사실이.

나는 두렵습니다.
그지없이 맑은 내 손녀들이 자라서 우리 세대가
물려준 세상에서 인간의 존엄을 누릴 수 있을지.

10 _ 참된 기도와 정치

참된 마음으로 기도하는 자가 곧 신학자이며, 참된 신학자라면
어떻게 기도하는지를 알리라

-에바그리우스 폰티쿠스Evagrius Ponticus; 345~399

요즘 조헌정 목사의 권유로 읽는 『그리스도교의 아주 큰 전환
Belonging to Universe』에 나오는 구절이다. 이 말씀은 어느 분야에 대
입해도 그 분야의 핵심 말씀이라 생각한다. 이렇게 변용해 보았다.

참된 마음으로 정치를 하는 자가 곧 정치가이며,
참된 정치가라면 어떻게 정치하는지를 알리라!

나는 무종교이지만 이렇게 기도하겠다.
"우리가 참된 정치인을 꼭 뽑도록 혜안을 주시기 바랍니다."

11 _ 희망의 지렛대

서방의 기자가 베트남 지도자 호찌민에게 물었다.

"남루한 농업국가가 막강한 산업국가와 싸우는 것은 무모하지 않느냐"고.

호찌민은 간략하게 대답했다.

"인간의 정신은 인간이 가진 무기보다 강하다."

베트남은 자신보다 1천배 넘는 힘을 가진 미국과 싸워 이겼다. 호찌민은 프랑스와 미국이란 거대한 제국주의 세력에 맞서 '인민의 외세 저항 정신을 한 치도 낭비하지 않은 지도력'을 발휘했다.

우리는 1960년 4·19 혁명, 1979년 부마항쟁, 1980년 광주민중혁명, 1987년 6·10 항쟁과 노동자 대투쟁, 2002년 노무현 선거혁명, 2017년 촛불혁명을 거치면서 민중의 펄펄 끓는 개혁 의지는 세계사 어디에 내놓아도 손색이 없었다.

하지만 민중의 열망을 낭비하거나 부응하지 못한 지금까지의 지도자 역량을 정치권은 부끄러워해야 하지 않을까?

내년 대선에서 '민중의 열망촛불의 열망을 더 이상 낭비하지 않을 지도자'를 우리는 반드시 찾아야 한다.

2020년 총선에서 180석을 얻어 초거대 여당이 되었다고 우쭐댄 더불어민주당.

그러나 1년 만에 민주당은 퇴조의 기운을 보이고, 야당인 국민의힘은 그 반대급부로 이상한 힘을 얻고 있다. 아무리 민주당이 우리에게 실망을 줘도 상승하고 있는 국민의힘의 기운을 어떻게 용납할 수 있는가?

우리는 민주주의라는 외형의 옷은 잘 차려입고 있지만, 내면으로는 민이 주民主이라는 내용을 채우지 못하고 있다. 그래서 우리 사회는 아직 여러모로 부족하다. 한 줌도 채 되지 않는 소수의 재벌과 땅투기꾼들보다 대다수 노동자, 농민이 주인이 되는 세상을 향해 긴장을 늦추지 말자!

2017년 촛불 혁명은 우리나라 민주주의 발전의 획기적인 전환점이었다.

나는 미완인 촛불혁명을 완성할 수 있는 개혁성과 추진력을 겸비한, 행정 경험과 실력을 확실하게 검증받은 리더가 내년 대선에서 승리하기를 간곡히 기원한다.

앞으로 더불어민주당이 인간 존중의 정책을 편다면 새로운 도약의 시점이 올 것이다.

내가 생각하는 21세기에 맞는 인간 존엄의 정치 철학은 억강부약抑强扶弱이다.

국가는 불법과 비리를 일삼는 돈과 권력의 강은 억눌려야 하고 성실하지만 강에 억눌려 기를 펴지 못하는 약은 도와야 한다.

억강부약抑强扶弱을 지렛대로 삼아 모두가 공존하는 희망의 미래를 만들자!

억강부약은 사랑의 계시다.

나는 찾고 싶다.

'민중의 열망을 한 치도 낭비하지 않을 지도자!'

특별기고

기본소득의 이해

강남훈*

1. 기본소득의 정의

기본소득한국네트워크는 기본소득을 다음과 같이 정의하고 있다.

기본소득이라 함은 공유부에 대한 모든 사회구성원의 권리에 기초한 몫으로서 모두에게, 무조건적으로, 개별적으로, 정기적으로, 현금으로 지급되는 소득을 말한다. 정관 제2조

이 정의에는 기본소득의 실체와 지급 방법상의 다섯 가지 요건이 제시되어 있다. 기본소득의 실체는 공유부에 대한 모든 사회구성원의 권리에 기초한 몫이다. 지급 방법상의 다섯 가지 요건은 보편성, 무조건성, 개별성, 정기성, 현금 지급이다.

충분성은 요건에 들어가 있지 않다. 어떤 정책이든 도입될 때에는 단계적으로 낮은 금액에서 시작할 수밖에 없기 때문이다. 우리나라

---

* 한신대학교 교수, 기본소득한국네트워크 이사장, 기본소득국민운동본부 상임대표

의 경우 노인 기초연금도 10만원~20만원에서 시작하였고, 아동수당은 아직도 월 10만원을 지급하고 있다.

2. 공유부

지급 방법보다 중요한 것이 기본소득의 실체이다. 기본소득은 공유부에 대한 사회구성원의 권리에 기초한 몫이다. 다시 말하면 공유부를 관리하는 주식회사가 있고, 이 주식회사의 주식은 모든 국민이 균등하게 가지고 있으며, 주주들에게 매년 배당을 하는 것이 기본소득이라는 것이다.

공유부란 공동체 구성원 모두가 공동으로 물려받거나 협동하여 생산하고 재생산하는 자산을 말한다. 공유부는 첫째, 토지, 깨끗한 대기, 천연자원 등의 생태 공유부, 둘째, 지식, 데이터 등의 지식문화, 정보 공유부, 셋째, 국부펀드나 기업의 공유지분처럼 사회경제적 제도나 실천을 통해 만들어지는 사회 공유부 등으로 나눌 수 있다.

3. 공유부 배당으로서 기본소득의 특징

기본소득의 실체가 공유부 배당이라는 것으로부터 기본소득의 중요한 특징 몇 가지가 도출된다.

첫째, 기본소득은 권리이기 때문에 지급하는 것이지 필요하기 때문에 지급하는 것이 아니다. 전통적인 복지국가는 보험의 원칙조건에 따라 납부하고 조건에 따라 지급한다, 필요의 원칙필요한 사람에게 지급한다과 권리의 원칙모든 구성원에게 동일하게 지급한다 등으로 구성되어 있다.

기본소득은 이 중에서 권리의 원칙과 상통한다. 다만, 인간다운 생활을 할 권리보다는 공유부의 주인으로서 공유부 배당을 받을 권리를 강조한다. 물론 이 두 가지 권리는 모순되는 것이 아니라 서로 부완적이다.

둘째, 배당을 받을 권리이기 때문에 부자까지 지급하는 것이 마땅하다. 가난한 사람도 부자도 모두 공유부 배당을 받을 권리가 있기 때문이다. 주식회사에서 배당을 가난한 주주들에게만 줄 수는 없는 것이다.

셋째, 도입 단계에서 적은 금액의 기본소득도 정당화될 수 있다. 어떤 주식회사의 수익이 작으면 배당을 적게 할 수밖에 없다. 어떤 공동체가 어디까지를 공유부로 볼 것인가는 그 공동체의 합의에 달려 있다. 도입 단계에서는 공유부의 범위를 작게 잡을 수밖에 없다. 기본소득의 원리를 사람들이 체험하게 되면 점점 더 많은 공유부를 찾아내서 합의 수준을 높이게 될 것이다.

4. 기본소득과 경제개혁

공유부 배당으로서의 기본소득은 강력한 경제개혁의 수단이 된다. 기본소득 토지세와 기본소득 탄소세의 예를 들 수 있다.

첫째, 기본소득 토지세. 토지 공유부로부터 나오는 수익을 소수의 집단이 독점하는 것은 불공정하다. 2015년과 2020년의 6년 동안 토지 가치의 상승액이 2,610조원이었다. 특히 2020년 1년 동안에는 772조원이나 상승하였다_{한국은행. 국민대차대조표}. 이 상승액은 2020년 GDP의 40%, 또는 피용자 보수의 85%에 해당하는 크기였다.

토지로부터 생기는 이러한 수입의 일부는 토지세로 환수해서 전

국민에게 기본소득으로 지급하는 것이 마땅할 것이다. 기본소득 토지세는 망국적인 부동산 투기를 막을 수 있는 남아 있는 거의 유일한 수단이다.

둘째, 기본소득 탄소세. 아무 대가 없이 탄소를 배출하여 지구 공유부를 사라지게 만드는 행위를 방치하는 것은 불공정하다. 탄소 배출에 대해서는 마땅히 대가를 걷어서 공유부 남획을 막아야 한다. 이것이 바로 탄소세이다. 탄소세는 지구 공유부 사용 대가를 걷은 것이므로, 그 수입은 마땅히 공유부 주권자에게 배당해야 한다. 기본소득 탄소세는 탄소 중립을 달성해서 지구를 지키는 데 필수적인 수단이다.

5. 기본소득과 불평등 감소

기본소득은 모든 사람에게 동일한 금액을 지급하기 때문에 재분배 효과가 없다는 주장은 잘못이다. 기본소득 토지세를 생각해 보자. 토지로부터 발생하는 막대한 소득을 소수의 특정 지역에 땅을 가진 부자들이 독점하고 있는 것이 현실이다. 토지세를 30조원 걷으면 부자들의 소득이 30조원 줄어든다. 이것을 기본소득으로 나누면 1인당 연간 60만원의 기본소득을 지급할 수 있다. 얼마 안 되는 금액처럼 보이지만 기본소득 토지세의 효과는 여기서 그치지 않는다.

은행 이자율이 5%라고 할 때 어떤 부동산 소유자가 부동산 담보 대출의 이자로 매년 300만원을 내야 한다면 그 사람의 대출금은 6,000만원일 것이다. 이 부동산을 파는 사람이 대출을 끼고 팔면 부동산 가격을 6,000만원 낮추어야 할 것이다. 마찬가지로 매년 30조원의 토지세를 내게 되면 토지 가격은 600조원 하락하게 된다. 이로 인해서 1.2경원의 부동산 가치는 5% 정도 하락해서 거래되게 된나.

부동산 가치 600조원 하락은 무주택자들 전체적으로 600조원의 주택 구입 보조금을 주는 것과 동일한다. 주택가격에 비례해서 전세가도 하락한다면 전세 사는 사람들에게 보증금 5%를 되돌려 주는 것과 마찬가지이다. 5억원짜리 서민 주택 소유자가 8억원 짜리 주택으로 이사 가고 싶어 한다고 할 때 추가로 마련해야 하는 금액이 3억원에서 2억 8,500만원으로 1,500만원 줄어든다. 주택 구입비 1,500만원을 보조받는 효과이다.

이와 같이 공유부 배당으로서 기본소득은 경제개혁의 강력한 수단이 될 뿐만 아니라 여러 가지 경로로 불평등을 줄여주는 효과를 가지고 있다

예수도 찬성한 기본소득

김근수*

　20대 대통령선거에서 기본소득 주제가 많은 관심을 받고 있다. 기쁘고 다행스런 일이다. 벌써 제안되고 실현했어야 할 주제가 이제야 토론되는 모습이 안타깝기도 하다. 평범한 유권자이자 또한 신학자로서 나는 기본소득 제도를 강력히 찬성하고 있다.

　예수가 만일 한국에 지금 온다면, 기본소득에 대해 어떻게 말할까. 예수뿐 아니라 불교 등 이웃 종교는 기본소득을 어떻게 생각할까. 예수 생각을 결론부터 말하고 싶다. 인간이 죽은 뒤 하느님에게 심판받을 때, 기본소득에 대한 태도가 개인의 운명을 결정한다.

　예수의 행동과 말씀을 기록한 복음서에서 기본소득에 연결된 구절은 쉽게 찾을 수 있다. 예수 당시 사회에서 기본소득이라는 단어는

* 연세대학교 철학과를 졸업하고 광주가톨릭대학 2학년 재학 중 독일로 유학을 떠나 마인츠대학교 가톨릭신학과를 졸업했다. 그 후 로메로Romero 대주교의 땅 엘살바도르로 떠나 UCA 대학교에서 소브리노J. Sobrino에게 해방신학을 배웠다.

물론 없었다. 그래서 예수는 기본소득이라는 단어를 정확히 쓸 수 없었지만, 기본소득의 취지와 중요성은 잘 알고 있었나.

포도밭 주인의 비유마태 20,1-16는 기본소득과 연결하여 즐겨 인용되어 왔다. 하느님이 기본소득을 어떻게 생각하고 마련하는지 알려주었다. 오전 아홉 시에 일하기 시작한 사람이나, 오후 세 시에 일하기 시작한 사람이나, 오후 다섯 시에 일하기 시작한 사람이나 똑같은 금액의 하루 일당을 하느님께 받았다. 오랜 시간 일한 사람에게나 짧은 시간 일한 사람에게나 하느님은 똑같은 품삯을 주었다.

또한 맨 먼저 일하기 시작한 사람들부터 품삯을 주지 않고, 맨 나중에 온 사람들부터 품삯을 먼저 받기 시작했다는 사실이 놀랍다. 일자리 구하기가 어려웠던 사람부터 돈을 먼저 받은 것이다. 일자리 구하기가 어려웠던 사람은 뛰어난 신체나 노동 조건을 가지지 못했기 때문에 쉽게 일자리를 찾을 수 없었을 것이다.

다른 때에도 일감 찾기가 어려웠을 것이니 그만큼 돈이 없었을 것이고 그만큼 돈이 더 다급했을 것이다. 그런 속사정을 훤히 아는 하느님은 그 사람들부터 먼저 돈을 준 것이다. 하느님의 이러한 처사가 인륜 도덕에 어긋나는가? 자본주의 논리를 뛰어넘는 하느님의 생각이다. 자본주의에는 인간의 얼굴이 없는가.

포도밭 주인의 비유는, 어쨌든 노동했던 사람들이 돈을 받는 비유였다. 그런데 노동할 수 없는 사람이나 노동할 건강을 갖지 못한 사람은 굶어야 하는가. 일하지 못한 사람은 먹지도 말아야 하는가.

환자, 노인, 장애인, 감옥에 있는 사람은 먹지도 말고 기본소득도 받으면 안되는가. 그들은 우리 국민이 아니고 우리 형제자매가 아닌가. 노동 생산성 없는 사람은 지구를 떠나라는 말인가. 그러면 국민의 건강과 행복을 제공한다는 국가의 존재 이유는 무엇인가.

일하지 못한 사람도 먹을 권리가 있다. 예수의 오병이어 기적마태 14, 13-21이 그렇게 가르쳐주었다. 먹을 것을 준비하지 못한 수천 명의 사람이 예수 말씀을 들으려고 몰려왔다. 예수는 그들의 배고픔을 측은히 여기고, 빵 다섯 개와 물고기 두 마리를 가지고 기적을 행했다.

여자와 어린이들 외에 남자만도 오천 명 가량 되는 사람들이 충분히 먹고도 남았다. 사람들이 가져온 음식을 서로 나누었는지 성서 본문에서는 알 수 없다. 서로 먹을 것을 나누었다면, 더 좋은 일이다. 아무도 일하지 않았지만 모두가 빵을 얻었던 아름다운 이야기다. 모든 국민이 빠짐없이 기본소득을 받을 수 있는 지혜를 짜내는데 도움되는 오병이어 기적 비유다.

기본소득을 반대하는 사람들은 일하지 않는 사람에게는 기본소득을 주지 말자고 우길지 모르겠다. 그러나 그들이나 그들 가족도 언젠가는 일할 수 없는 시간이 온다. 하느님은 "악한 사람에게나 선한 사람에게나 똑같이 햇빛을 주시고 옳은 사람에게나 옳지 못한 사람에게나 똑같이 비를 내려주신다."마태 5,45

하느님이 기본소득을 찬성하는 사람에게만 햇빛과 비를 내려주시고, 기본소득을 반대하는 사람에게는 햇빛과 비를 주시지 않는다면, 기본소득을 반대하는 사람들은 어떻게 될까. 그들이 숨은 쉴 수 있고 살아남을 수는 있을까. 너그럽게도 하느님은 기본소득을 반대하는 사람들에게도 햇빛을 주시고 비를 내려주신다.

내 생각에, 기본소득에 대한 가장 강력한 말씀은 최후심판의 비유이다미태 25,31-46. 모든 인간에게 예외없이 해낭될 하느님의 최후심판 기준을 예수는 벌써 알려주었다. 시험지를 나눠주기 전에 답부터 알려준 것이다.

"여러분은 내가 굶주렸을 때에 먹을 것을 주었고, 목말랐을 때에 마실 것을 주었으며, 나그네 되었을 때에 따뜻하게 맞이하였습니다. 또 내가 헐벗었을 때에 입을 것을 주었으며, 병들었을 때에 돌보아 주었고, 감옥에 갇혔을 때에 찾아주었습니다."
마태 25,35-36

이 말을 듣고 의로운 사람들은

'저희가 언제 주님께서 굶주리신 것을 보고 잡수실 것을 드렸으며, 목마르신 것을 보고 마실 것을 드렸습니까? 또 언제 주님께서 나그네 되신 것을 보고 저희가 언제 따뜻이 맞아들였으며, 헐벗으신 것을 보고 입을 것을 드렸으며, 언제 주님께서 병드셨거나 감옥에 갇히신 것을 보고 저희가 찾아가 뵈었습니까?' 마태 25,37-39

그러자 하느님은 '분명히' 말하신다.

"여러분이 여기 있는 형제자매 중에 가장 보잘것없는 사람 하나에게 해준 것이 바로 나에게 해준 것입니다."

한반도에 사는 형제자매 중에 가장 보잘것없는 사람 하나에게 무엇을 해주었는지 하느님은 우리에게 물으실 것이다. 세례를 받았는지, 하느님을 믿었는지, 교회에, 성당에 다녔는지, 사람들에게 예수를 전했는지 등을 최후심판에서 묻지 않으실 것이다. 그 형제자매가 노동력이 있든 없든, 윤리적으로 모범적이든 아니든, 정치적으로 어떤 의견을 가졌든 관계없이, 가장 보잘것없는 사람 하나에게 무엇을 해주었는지 하느님은 우리 각자에게 물으실 것이다.

지금 말로 말하면, 하느님은 최후심판에서 기본소득에 대한 개인의 태도를 묻는 것이다. 어떤 이유로든 기본소득에 반대하는 사람들에게 하느님은 말할 것이다. '똑똑히 들으시오. 여기 있는 형제자매 중에 가장 보잘것없는 사람 하나에게 해주지 않은 것이 곧 나에게 해주지 않은 것입니다.' 하고 호통치실 것이다.

가난은 경제 문제가 아니라 신학 문제라고 프란치스코 교황은 말한다. 가난 문제를 정치인이나 경제인에게만 맡길 일이 아니라는 뜻이다. 기본소득은 정치인이나 경제학자나 대통령 선거 후보들보다 교회·성당이 사실 먼저 다루었어야 했을 일이다. 정치뿐 아니라 종교에서도 기본소득 논의가 활발해지길 바란다.

예수만 기본소득에 찬성하겠는가. 자비를 강조하시는 부처님도 기본소득을 기쁘게 찬성하실 것이다. 무신론자인들 기본소득을 싫어하겠는가. 종교와 계층을 가릴 것 없이, 기본소득은 모두에게 도움되는 현명한 방법이다.

유엔 인권선언은 특정 종교에서 나온 것도 아니고 특정 종교의 전유물도 아니다. 기본소득도 마찬가지다. 인권이 모든 인간에게 소중한 권리이듯이, 기본소득은 모든 인간에게 소중한 권리다. 기본소득에 부처님도 예수님도 기쁘게 찬성하시니 우리 유권자들도 흔쾌히 찬성하면 좋겠다.

나라의 수준을 알려면 그 나라가 가난한 사람들을 어떻게 대우하고 있는지를 보면 된다. 경제성장률보다 기본소득 실현이 더 시급하고 더 중요하다는 뜻이다. 재벌 위주의 성장률보다 온 국민을 배려하는 기본소득이 더 우선이다. 모든 사람에게 기회를 똑같이 주는 것이 정의가 아니라, 가난한 사람들을 먼저 배려하는 것이 정의다. 그것이 공정 아닌가. 그것이 정의 아닌가.

기본소득을 실현하기 위한 재원을 어디서 어떻게 마련할까. 예수는 그 방법을 말하진 않았다. 기본소득을 실현하라고 우리에게 당부하고 요구했을 뿐이다. 예수는 우리 지혜를 믿고 맡긴 것이다. 기본소득을 실현할 의지와 능력을 우리는 충분히 가지고 있다.

한반도에서 기본소득이 실현되면, 온 세상 사람들이 우리를 눈 비비고 다시 볼 것이다. 모든 대선 후보들이 기본소득 논의에 적극 동참하면 참 좋겠다. 기본소득을 실현할 의지와 지혜가 넘치는 이재명 후보를 나는 기쁘게 지지한다. 이재명 후보를 지지하기 때문에 기본소득을 찬성하는 것이 아니고, 기본소득을 찬성하기 때문에 이재명 후보를 지지한다.

시장경제와 잘 어울리는 토지공개념, 그 효과

김윤상*

토지공개념이란 토지를 포함한 자연물은 인간이 생산한 물자보다 공공성이 높다는 인식이다. 우리나라에서는 1960~70년대의 급속한 경제성장에 따라 토지 가격이 전례 없이 엄청나게 상승하면서 갖가지 문제가 발생하였고 그 대책과 관련하여 '토지공개념'이라는 용어가 등장했다.

본격적으로는 1988년 올림픽을 전후하여 부동산 가격이 폭등하자 노태우 정부가 '토지공개념연구위원회'를 구성하고 연구 결과를 법제화하면서 토지공개념이 제도적으로 뿌리를 내리게 되었다.

토지공개념의 수단으로는 토지의 소유·거래·가격·이용·수익 등에 대한 규제가 있으며, 그 외에 토지 관련 금융에 대한 규제도 있다. 토지 관련 규제에 대해 대표적인 자유시장 경제학자들은 어떻게 평가했는지 우선 살펴보자.

* 경북대 명예교수, 토지정책 전공

프리드리히 하이에크는 토지 이용을 개별 토지소유자에게 맡겨두면 사회 전체의 관점에서 비효율이 초래되므로 도시계획이 필요하며, 도시계획이 개별 토지의 가격에 영향을 미치므로 토지 가치 즉 지대를 토지보유세 방식으로 징수하는 것이 좋다고 하였다.

애덤 스미스와 밀턴 프리드먼은 지대를 징수하는 토지보유세는 다른 조세와는 달리 시장작용을 저해하지 않는 우수한 조세라고 하였다. 즉 도시계획은 시장경제이건 아니건 필요하며, 시장경제를 위해서는 토지보유세 중심의 세제가 최선이라는 것이다. 이런 내용의 토지공개념을 시장경제와 잘 어울리는 '시장친화적' 토지공개념이라고 부를 수 있다.

시장친화적 토지공개념의 두 축인 도시계획과 토지보유세 가운데 도시계획의 필요성에 대해서는 논란이 별로 없으므로 생략하고, 이 글에서는 토지보유세에 초점을 맞춘다. 토지 불로소득을 토지보유세로 환수하면 토지시장이 완전경쟁 토지시장과 유사한 모습으로 작동하면서 현실 토지시장에서 발생하고 있는 각종 문제가 해소된다. 대표적인 효과를 경제 활성화 효과와 기타 효과로 나누어 살펴보자.

1. 경제 활성화 효과
토지 불로소득을 환수하면 경제 전반에 큰 도움이 된다.

첫째, 불로소득을 기대하면서 토지를 조금만 이용하거나 방치하는 일이 사라진다. 토지 불로소득을 환수하는 상황에서는 토지를 제대로 활용하지 않으면 오히려 손해를 본다. 그러므로 토지소유자는 토지를 최선의 용도에 맞게 직접 이용하거나 적정하게 이용할 수 있는 타인에게 임대해야 하며, 그렇지 못하면 토지 소유를 포기하게 된다. 즉 토지를 직·간접으로 최선의 용도로 이용하거나 아예 토지를 처분하게 된다. 이때 처분되는 토지를 매입하는 사람도 매각자와 같은 입장이므로 결국 토지가 적정하게 이용된다.

둘째, 토지 불로소득을 환수하면 단순한 토지 소유에서는 불로소득이 생기지 않으므로 종래 투기용 부동산에 잠기던 자금이 생산 부분으로 전환되고 투기에 낭비되던 기업과 국민의 에너지도 생산 부분으로 흐르게 되어 경제가 활성화된다.

셋째, 토지보유세 세수가 늘어나는 만큼 시장작용을 저해하는 다른 조세를 감면하면 경제효율이 높아진다. 일반적인 조세는 생산·유통·소비·노동 및 소득·부와 같은 생산적 경제활동 또는 그 결과에 부과하므로 '초과부담excess burden'을 낳아 경제활동을 위축시킨다.

초과부담이란 조세로 인해 자원배분의 효율이 줄어드는 현상을 말한다. 토지보유세를 제외한 대부분의 조세는 재화와 용역의 상대가격을 변화시키고 그로 인해 민간 경제주체의 선택에 영향을 주어 초과부담을 일으킨다.

반면, 위치와 면적이 고정된 토지에 부과하는 보유세는 토지의 공급에 영향을 주지 않기 때문에 초과부담이 발생하지 않으며 전가되지도 않는다. 따라서 다른 조세를 토지보유세로 대체함으로써 경제효율을 높일 수 있다. 앞에서 보았듯이, 대표적인 시장경제학자들도 이런 이유에서 토지보유세를 높이 평가하였다.

넷째, 토지 불로소득을 환수하면 토지 투기를 막기 위해서 동원해 온 토지의 소유·거래·가격·금융에 대한 규제가 비상시를 제외하고는 필요 없게 된다. 현실에서 사용해온 각종 규제의 예를 들어보면, 소유 규제는 경자유전의 원칙, 택지 소유 상한제, 다주택자 규제 등이 있고, 거래 규제로는 토지거래 허가제가 있으며, 가격 규제로는 분양가 상한제, 전월세 상한제가 있다.

토지 불로소득이 없다면 토지시장에서 투기가 사라지므로 이런 규제가 거의 필요 없게 된다. 또한, 부동산과 관련된 LTV담보대출비율, DTI총부채상환비율, DSR총부채원리금상환비율 등 금융 규제도 거의 필요 없게 된다.

다섯째, 부동산 투기가 금융과 결합하여 촉발하는 경제 위기를 막을 수 있다. 이런 유형의 위기는 역사상 여러 사례가 있으며, 우리에게 잘 알려진 2008년 미국 서브프라임 금융 위기도 그 하나다. 당시 미국에서는 주택 가격이 계속 상승하자 금융기관은 그런 추세가 이어질 것으로 추측하여 비우량 담보물subprime mortgage에도 대출하기에 이르렀다. 그런데 거품이 꺼지자 금융기관부터 부도가 시작되어 경제 전체, 그리고 미국만이 아니라 세계 전체의 경제 위기를 초래하였다. 토지 불로소득을 환수하면 이런 위기가 예방된다.

2. 분배정의·주거·공공개발·복지에 관한 효과

토지보유세는 경제 활성화 효과 이외에도 여러 면에서 좋은 효과를 낸다. 몇 가지만 들어보자.

첫째, 노력과 기여의 결과를 노력한 사람이 갖는 분배정의가 실현

된다. 토지 가치가 상승해도 그 이익이 토지 소유자에게 귀속되지 않고 조세로 모두 징수되므로 소득과 부의 분배가 토지 불로소득에 의해 부당하게 악화하는 것을 막을 수 있다. 소득과 부의 분배 불평등을 심화시키는 원인 중, 토지가 차지하는 비중이 매우 크다는 점을 생각하면, 분배의 양극화 해소에 크게 기여할 수 있다.

둘째, 주거 문제 해결에 큰 도움을 준다. 토지 불로소득을 환수하면 주택이 재산증식의 수단에서 주거의 수단으로 정상화된다. 부동산은 토지와 건물로 이루어지는데 불로소득이 발생하는 부분은 토지다. 건물은 시간이 지나면서 가치가 하락하기 때문이다. 현실에서 보듯이, 불로소득이 발생하는 부동산 시장에서는 실수요 외에 투기적 가수요가 존재한다.

주택가격이 상승할 것으로 예상되는 국면에서는 투기적 가수요만큼 수요가 늘어나는 반면 주택 소유자는 매각하지 않으려고 하므로 공급은 반대로 줄어든다. 그로 인해 주택 가격이 더 오르게 된다. 그러면 다시 투기심리와 불안감을 자극하여 추가 수요를 발생시키고 그에 따라 주택 가격이 더 큰 폭으로 오르는 악순환이 이어진다.

집값이 오르면 주택의 신규 공급을 늘려야 한다는 주장이 많이 나오지만, 투기 국면에서는 추가 공급 물량이 가격을 진정시키기보다는 새로운 투기의 표적이 되는 경우가 많다. 그러다가 어느 단계가 되면 거품이 꺼지면서 한동안 주택가격이 안정세를 유지하거나 심할 때는 폭락하기도 한다. 그런데 토지 불로소득을 환수하여 주택 소유로 인한 불로소득을 기대할 수 없다면 시장에는 실수요만 남게 되어 투기-거품-침체의 악순환이 사라진다.

또한, 부동산 불로소득은 '집값 대란'과 '전세 대란'을 교대로 일으키기도 한다. 주택 소유에서 불로소득이 생길 것으로 예상되는 국면에서는 주택 실수요자도 임차보다는 매입을 원하게 되고 다주택자 역시 주택의 추가 매입을 시도하면서 가격 상승으로 가외 주택을 임대하게 된다. 더구나 전세금을 받아 다른 주택을 매입하려는 '갭투자'가 성행하는 현실에서는 임대 물량이 더 많아진다.

따라서 주택 매매가격은 치솟아도 임대차 가격은 안정되거나 하락한다. 반면, 주택 소유에서 일정 기간 불로소득이 발생하지 않으리라고 예상되는 국면에 접어들면 실수요자는 매입보다 임차를 선호하고 다주택자는 임대보다는 매각을 원하게 된다. 이로 인해 임대차 가격이 급상승하게 된다. '집값 대란'이라는 매매시장 불안과 '전세 대란'이라는 임대차시장 불안이 교대로 나타나게 된다. 주택 소유에서 생기는 불로소득을 환수하면 이런 문제가 사라진다.

셋째, 공공개발 사업이 효율적·민주적으로 수행될 수 있다. 공공개발 사업에서는 개발 이익의 분배와 개발 손실의 부담을 둘러싸고 사업지구 내외의 주민 사이에 이해관계가 대립하는 상황이 흔히 나타난다. 때로는 심각한 집단 갈등으로 악화하여 공공개발 사업을 지연시키기도 한다.

토지 불로소득을 환수하면 개발이익은 저절로 환수되고 개발 손실은 저절로 보상되므로, 개발을 둘러싼 갈등의 소지가 크게 줄어든다. 그에 따라 공공개발 사업의 민주성도 높아진다. 개발계획을 사전에 충분히 공개하고 주민의 여론을 수렴하여 수립·집행할 수 있기 때문이다. 그뿐만 아니라, 불로소득에 대한 기대 때문에 불필요하게 추진되는 과잉 개발과 그로 인한 환경 파괴도 예방할 수 있다.

넷째, 토지 불로소득 환수는 복지 제도에도 큰 도움이 된다. 우선, 부당한 불평등이 해소되어 빈부격차가 줄어들므로 복지 수요 자체가 감소한다. 또 복지 제도에 대한 반대도 줄일 수 있다. 복지 반대론의 근거 중에는 '개미가 베짱이를 먹여 살린다'라는 인식이 크게 작용한다. 중상류층이 내는 세금으로 저소득층에게 자선을 베푼다는 것이다. 그런데 토지 불로소득은 국민의 공동자산이며 이에 대해서는 모든 국민이 균등한 지분을 가진다. 이러한 국민 공동자산을 재원으로 삼으면 국민 누구나 '자기 돈으로 자기 삶을 보장'하는 복지 제도, 자선이 아닌 정의로운 복지 제도를 설계할 수 있다.

평화와 번영의 구체적 실천 :
이재명 시대의 남북관계 구상

김진향*

상상이다. 꿈이다. 그러나 꿈만은 아니다.

한반도 평화와 번영의 열망을 담은, 의지적 지향을 가진 꿈이기에 상상은 현실이 될 것이다.

2022년 3월 9일 대선, 5월 10일 취임식을 맞이하는 이재명 대통령 시대를 꿈꿔본다. 좀 더 정확하게는 이재명 대통령이 펼쳐갈 전혀 새로운 차원의 한반도 평화와 번영의 새 시대를 꿈꿔본다.

70여년 분단은 엄중하고 공고한 체제다. 분단은 구조와 질서, 문화가 되었고 분단체제를 살아가는 국민들의 의식과 세계관을 지배하게 되었다. 우리 모두 분단에 완벽히 갇힌 것이다. 기존 분단체제에 갇힌 인식과 사고로서는 평화의 질서, 장기적 통일을 만들지 못한다. 변화가 필요하다. 분단의 질서를 넘어서는 근본적인 인식의 전환과 사고의 혁신이 필요하다.

* 이재명후보 열린캠프 평화경제특보, 전 개성공업지구지원재단 이사장

'일 잘하는 이재명!'

'이재명은 합니다!'

'할 말은 하고, 할 일은 하겠습니다.'

세상은 관념으로 바꿀 수 없다. 실천이 세상을 바꾼다. 그런 측면에서 이재명 후보의 슬로건은 정치인이자 행정가로서 이재명 지사를 가장 쉽게 설명한다. 이재명 후보의 꿈은 현실이 된다. 꿈을 꿈으로만 두지 않고 실천하기에 현실이 된다.

적대적 분단체제 70여 년, 그 강고한 국민 불행의 구조적 근원을 넘어 평화와 번영의 한반도를 만들어 가고자 하는 꿈을 이재명 후보를 통해, 아니 이재명 후보와 함께 현실로 만들고 싶었던 이유이다.

지금 대한민국에 필요한 것은 말이 아닌 행동, 관념이 아닌 실천, 추상이 아닌 실용, 이념이 아닌 국민행복이다.

〈평화와 번영의 구체적 실천 : 이재명 시대의 남북관계 구상〉은 아직은 이재명 후보의 구상이 아닌, 이재명 후보와 함께 구현하고 싶은 한반도 평화번영의 실천 전략이다.

2018년 4.27 판문점선언과 9.19 평양선언이라는 엄청난 평화의 기회를 현재의 교착상태로 퇴보시킨 것은 4.27과 9.19의 약속과 합의를 실천하지 않았기 때문이다. 미국의 눈치를 보며, 심리적으로 미국에 포박당한 채, 절대 국익에 가까운 종전과 평화의 기회, 전면적인 남북협력의 기회를 허둥지둥 날려버린 것이다.

이재명 대통령은 지난 시기 한반도 평화정책의 실패를 교훈 삼아

계승과 혁신의 관점에서 평화와 번영의 새로운 한반도 시대를 직접적이고 구체적으로 실천해야 한다.

나는 상상한다. 5월 10일 대통령 취임사에 한반도 평화와 번영의 구체적 실천조치를 담은 과감한 선제적 조치들이 제안되기를. 이재명 대통령 취임사에 아래의 메시지들이 담기면 어떨까?

• 남북합의 실천 선언

존경하는 국민 여러분!

대한민국 제20대 대통령 이재명은 '한반도 평화와 번영의 실천'을 최우선 국정과제로 삼겠습니다. 새로운 대북정책보다 4.27 판문점선언과 9.19 평양선언 등 기존 남북합의의 실천으로 평화적 남북관계를 복원하겠습니다.

무엇보다 남북 간의 약속은 지키겠습니다. 합의는 실천하겠습니다. 약속을 지키고 합의를 실천하는 과정이 평화의 실천이라 믿습니다. 남북합의의 구체적 실천을 위해 대통령 직할 '남북합의실천위원회'를 설치하고 대통령이 직접 합의사항 실천을 챙기겠습니다.

• 종전선언 정상회담 제안

남북합의 실천의 최우선 과제로 4.27 판문점선언과 9.19 평양선언의 핵심 합의인 종전선언을 실천하겠습니다. 휴전이라는 전쟁 상태의 유지가 분단의 본질적 속성입니다. 전쟁 종식, 종전은 절대선에 가깝습니다. 한반도의 종전은 우리 국민들의 기본권이자 주권입니다.

종전-평화의 합의를 실천하기 위해 우선 대한민국 대통령으로서 국회에 4.27 판문점선언과 9.19 평양선언의 국회 비준동의와 종전 결의를 요청합니다.

민의의 전당인 국회의 종전 결의를 바탕으로 저는 김정은 국무위원장에게 우선 이 땅의 주인인 남과 북이라도 먼저 한반도 종전을 결의하는 '종전선언 정상회담'을 판문점에서 가질 것을 제안하고자 합니다. 2018년 4.27 판문점선언의 합의였던 '연내 종전선언 합의'를 4년이 지났지만 이제라도 전 세계를 향해 공식 선언합시다.

70년 전쟁 상태에 놓여 있는 국민 여러분!

진심으로 죄송했습니다. 국민은 국가의 목적입니다. 국민은 정치의 목적입니다. 국민 행복은 제가 생각하는 정부의 최고 목적이자 존재이유입니다.

대한민국 대통령 이재명은 국민을 위해 '전쟁을 끝내는 정부, 평화를 실천하는 정부, 번영을 실현하는 정부'를 만들겠습니다. 그 속에서 대한민국을 살아가는 자랑스런 우리 국민들이 국민적 자부심과 국가적 자긍심, 국민 행복을 스스로 느낄 수 있도록 하겠습니다.

• 한미연합훈련 선제적 중단 표명

종전은 북측과의 적대와 전쟁이 끝났음을 의미합니다. 연장선에서 9.19 평양선언 군사분야 합의인 일체의 군사적 적대행위

중단을 위해 북측을 적으로 상정하는 한미연합훈련을 중단하겠습니다. 북측이 4.27, 6.12, 9.19의 합의에 따라 일체의 핵실험과 ICBM 시험을 중단해 온 상황에서, 그리고 남북, 북미회담이 진행되는 상황에서 군사적 긴장의 원인이 되는 한미연합훈련은 지속적으로 중단될 수 있을 것입니다.

• 개성공단·금강산관광 재개 / 5.24조치 공식 소멸

평화적 남북관계 복원의 구체적 실천을 위해 9.19 평양선언의 합의인 개성공단/금강산관광 우선 정상화를 실천하겠습니다. 북측에 개성공단/금강산관광 재개를 위한 회담을 제안합니다. 제재 속에서도 개성공단을 재개할 수 있습니다. 평화를 위해 남과 북이 머리를 맞대면 풀지 못할 일이 없습니다. 개성공단/금강산관광 재개를 위해 남북이 지혜의 머리를 맞대기를 제안합니다.

그리고 분명히 해둡니다. 남북의 교류협력을 차단했던 2009년 5.24조치는 2018년 4.27 판문점선언으로 이미 소멸했음을 공식 확인합니다.

• 비전향 장기수 송환 발표

남북 간 신뢰회복을 위한 조치로 비전향 장기수 분들을 북측 고향으로 송환하겠습니다. 장기수 송환은 김영삼/김대중 정부 때도 추진되었을 뿐만 아니라 6.15 선언의 합의입니다. 약속과 합의의 일관된 실천 차원에서 올해 6.15를 계기로 조건 없는 송환을 추진하겠습니다. 더불어 기타 기획탈북자로 판단되는 분들에 대해서도 본인들의 의사를 물어 북측 고향으로의 송환을 적극 추진하겠습니다.

• 2022년 한반도 평화체제 원년 제안

북측에 제안합니다. 첫 술에 배부를 수 없을 것입니다. 그러나 전쟁을 넘어 평화로, 분단을 넘어 통일로… 이 땅을 살아가는 주권자들의 행복을 위해서라면 주권자들의 명령으로 전쟁을 끝내고 평화로 통일로 나아갑시다. 관련하여 2022년 올해를 한반도 평화체제의 원년으로 만들 것을 제안합니다.

6월 25일 계기하여 남북 정상의 한반도 종전-평화선언을 판문점에서 가질 것을 제안합니다. 평화협정 관련 남북회담도 개시합시다.

7월 27일 남북 간의 평화협정을 체결합시다. 평화의 대장전인 1991년 남북기본합의서의 약속과 합의를 2022년 현실에 맞게 만들면 평화협정이 될 수 있습니다. 남북 평화협정을 바탕으로 남-북/미/중 4자 평화협정도 제안합시다.

8.15 광복절에는 서울과 평양에서 민족평화통일대축전을 동시 개최합시다. 그즈음에는 대규모 이산가족 상봉 행사와 이산가족 분들의 북측 고향 방문 여행도 허용하도록 합시다.

9.19 평양선언 4주년에는 평화통일 남북공동행사를 서울/평양, 백두산/한라산에서 상호방문 동시개최를 추진합시다. 그즈음에는 한반도 평화경제를 구상할 〈남북경협공동위원회〉도 가동하도록 합시다.

10.4선언 15주년에도 평화통일 남북공동행사를 남과 북 양측에서 개최합시다. 그즈음 '남북경협공동위원회'가 마련한 남북

경협-한반도 평화경제 마스터플랜를 공동 발표하는 것은 어떻습니까?

코로나 펜데믹이 잦아든다면 우리 국민의 북측 여행과 남북을 연계하는 국제평화관광도 내놓읍시다. 남과 북만 서로 오갈 것이 아니라 전 세계 평화 애호민들이 70년 전쟁이 끝난 평화의 한반도로 남북 연계 국제평화관광을 올 수 있도록 남북 항공협력도 하고 연결되어 있는 경의선 철도도 현대화하고 동해선 철도도 조기에 연결하도록 합시다.

이 모든 과정을 성공적으로 추진하여 올해 12월 31일에는 '2022 평화통일 남북송년축전'을 서울/평양에서 함께 열고 곧바로 2023년 1월1일 신년 경축대회로 이어갑시다.
2023년 1월 1일 신년 남북정상회담을 통해 2023년 평화/통일 공동신년사를 전 세계에 발표하도록 합시다. 평화/통일 공동신년사를 통해 2000년 6.15선언에서 합의했던 남북의 평화통일 노정을 발표합시다. 한반도의 불가역적 평화와 중단 없는 민족 공동번영의 대계를 온 세상을 향해 공표합시다.

• 한반도 평화체제에서 동북아 평화체제로
남북이 주도하는 한반도 평화 질서를 바탕으로 남-북/미/일/중/러의 동북아 평화협력체 건설을 제안하고, 동북아 평화협력 6자 정상회담을 DMZ-판문점에서 개최할 것을 남과 북이 함께 제안합시다. 2022년 한반도 평화체제 추진 원년의 기운을 2023년 동북아 평화체제 추진 원년으로 이어갑시다.

존경하는 국민 여러분!

대한민국 제20대 대통령 이재명은 다시 한 번 약속드립니다.

한반도의 평화와 번영을 실천하겠습니다. 전쟁을 끝내는 정부, 평화를 실천하는 정부, 번영을 실현하는 정부를 만들겠습니다.

자랑스런 대한민국 국민들이 자부심과 자긍심을 가지는 품격 높은 새로운 대한민국을 만들겠습니다.

이재명은 합니다!

취임사를 쓰다가 울었다. 70년 한 맺힌 전쟁과 분단의 역사를 마침내 평화와 통일의 노정으로 전변시킬 수 있는 국운이 우리 앞에 와 있기 때문이다. 그 평화의 길이 눈앞에 명료하게 보인다.

꿈은 이상 속에 관념으로 갇혀 있지 않다. 손을 뻗으면 잡힐 위치에 실재하는 현실로 있다. 우리는 관념 속 그 꿈을 이재명 후보와 함께 현실 속에서 실천하고자 한다. 꿈을 실천하면 현실이 된다.

리 모두 이재명과 함께 꾸는 꿈이기에... 한반도 평화의 새 역사로 기록될 대전환의 2022년을 우리는 눈앞에서 현실로 마주하게 될 것이다. 한반도 평화와 번영의 새 시대를 진지하게 차분히 준비하자.

지방 사학의 활로를 열어라

이승렬*

일본 식민주의자들이 한반도 남쪽 땅에서 물러간 1945년 해방과 함께 미군정에 의해 실시된 전문학교의 대학 승격 정책 이후, 대한민국 대학교육의 근간은 사학에 의해 주도되어 왔다.

김영삼 정부 이래 대학교육을 시장에 내맡기는 신자유주의적 교육 정책으로 인해 수도권에 이어 비수도권 전국 방방곡곡에 영리를 추구하는 기업주의적 사학이 번성해온 것이 우리 교육사의 큰 줄기다.

이처럼 대한민국 고등교육의 생태계를 점령하고 있는 사학의 지배자들이 대학교육의 자율성을 보장하라는 주문을 외우는 광경을 흔히 목격한다. 여기서 상식을 지닌 시민들이라면 언어의 심각한 왜곡을 느낀다. 왜냐하면 그들이 말하는 '대학교육의 자율성'은 사실상 대학의 재정과 학사운영까지 좌지우지할 수 있는 사학 지배자들의 자유를 뜻한다는 것을 잘 알고 있기 때문이다. '대학교육의 자율성'

* 전 영남대 교수협의회 의장

이라는 말을 통해 도모하고자 하는 이들의 자유는 사실상 사학은 자신들의 사적 소유물이니 그 소유물에 대한 사적 권한을 누구도 함부로 건드리지 말라는 의미인 것이다.

지금까지 허용되어온 사학의 이러한 방종은 크게 두 가지 상황적 맥락 속에서 가능하였다.

하나는 대학 운영 전반, 특히 인사와 재정운영에서 사학재단에 절대적 권한이 부여되어 있다는 것이다. 재단 구성에서부터 총장을 비롯하여 심지어는 총장과 함께 일해야 할 처장들에 이르기까지 대학의 거버넌스를 구성하는 고위 임원진에 대한 임면권을 한 손에 틀어쥐고 있어도 이를 견제할 수 있는 제도적 장치가 전무하다는 사실이 사학 방종의 첫 번째 맥락이다.

또한 사학재단의 절대적 권한은 사학의 폐쇄성을 낳고 폐쇄성은 필연적으로 사학 비리로 연결되어 어느덧 대학은 사회의 빛과 소금이 되기는커녕 그 자체로 반反사회적 어둠의 근원이 되고 있지만 그 어떤 정권도 대학 비리에 전면적인 메스를 대지 못하고 오늘까지 온 것이 틀림없는 사실이다.

이것이 가능한 것은 사학 지배자들이 입에 달고 사는 '대학교육의 자율성' 주장과 달리 이른바 교피아로 불리는 교육부 관료체제의 적극적인 비호가 있기 때문이다. 대학 구성원들의 직을 건 폭로와 고발이 있어도 웬만해선 사학 비리가 뽑히지 않는 이유는 사학 지배자들과 교육부 관료들 사이의 유착관계 때문이다.

따라서 사학 비리를 근절시켜 더 이상 사학이 재단과 대학본부의 소유물로 존재하는 것이 아니라 지역사회와 국가에 기여할 수 있는,

이른바 사학의 공공성을 회복시키는 것이 사학 개혁의 출발이라고 할 수 있다. 이를 위해 취할 수 있는 사학 개혁의 방법론으로 두 가지를 생각할 수 있다.

첫째는 사학재단의 폐쇄성을 불식시켜야 한다. 아무리 사학이라 하더라도 사학에서 이뤄지는 교육과 연구가 개인의 것일 수는 없지 않은가? 대학은 공공의 것이고 그래야 한다. 그러기 위해서 사학의 거버넌스 체제의 혁신을 법제화하는 작업이 반드시 필요하다. 가령, 사학재단 이사들의 과반수는 개방이사이어야 한다.

개방이사의 수를 현행 1/4에서 1/2로 상향 조정하는 것이 필요하다. 아울러 개방이사의 선임과정을 민주화하는 절차에 대한 근원적 개혁이 필요하다. 개방이사 후보추천위원회가 재단·대학본부로부터 완전히 독립적으로 운영되어야 한다. 그러기 위해서 재단·대학본부 관계자들은 개방이사 후보추천위원회에서 원천적으로 배제되어야 하며 교수회가 추천하는 위원들이 개방이사 후보추천위원회의 과반수를 차지해야 한다.

사학 거버넌스 체제의 또 한 축이 총장 선출과 관련된 부분이다. 이 역시 총장 선출 과정에 교수, 학생, 직원 등 대학 내부 구성원들의 참여를 보장하는 법제화 작업이 필수적이다.

둘째는 사학 비리의 온상으로 기능해온 교육부를 해체하고 얼마 전 출범한 국가교육회의의 국가적 교육 비전과 감사 기능을 강화해서 실질적으로 사학을 관리하고 비리를 척결할 수 있도록 해야 할 것이다. 교육부 나름의 사정은 있겠지만, 대학 현장에서 바라보는 교육부는 이런 모습이다.

교육부는 알량한 지원금을 지렛대 삼아 대학을 줄 세우고 비리를 눈감아주며 오히려 대학본부와 재단과의 유착을 통해 대학을 헤어날 수 없는 무력함의 수렁으로 빠뜨리는, 그런 존재다. 그야말로 대학 구성원들의 창의적인 자율성을 향상시키기 위해서는 교육부의 존재부터 제거해야 할 것이다.

끝으로, 이재명 후보의 지방대학 관련 선거 공약 중 눈에 띄는 것은 권역별로 지방사립대학들이 협력하여 연합대학을 만들어 전공별로 수준 높은 대학원 교육을 가능하게 할 것이라는 점이다. 이는 그 자체로 지방 사립대학의 생존 방책으로서 지방대학의 연구, 교육 수준을 높이면서 그를 통해 지역 경제의 붕괴를 막을 수 있는 중요한 정책적 수단이 될 것이라는 점에서 높이 평가할 만하다.

서울대 수준의 권역별 연구중심 지역 거점대학을 육성하자는 것이며 대학이 지방분권의 한 축을 담당하게 한다는 생각은 국가균형발전이라는 점에서 반드시 실현시켜야 할 국가적 안건이라고 생각한다.

그러나 권역별 연합대학이라는 아이디어를 통해 수준 높은 대학원 전공교육을 도모한다는 것만으로는 부족한 측면이 있다. 이 시점에서, 근대적 대학의 상像을 그려보았던 대표적인 유럽의 근대 사상가들의 생각을 잠시 살펴보는 것이 유익할 것이다. 왜냐하면 이들이 그려본 대학의 이념 속에는 이미 산업문명의 태동 속에 잠재되어 있는 반인간적 요소를 경계하는 태도가 들어있고, 국민국가를 매개로 형성되는 산업문명에 대한 경계와 성찰의 역할을 대학이 해야 한다는 생각이 배어있기 때문이다.

가령, 계몽주의 철학자 칸트의 대학관에 따르면, 대학의 상위학부는 신학, 법학, 의학으로 구성되지만 상위학부를 떠받치는 이런 분과학문의 토대를 이루는 철학이 대학의 근본으로서 역할을 해야 한다. 여기서 우리가 유념해서 봐야 할 대목은 신학, 법학, 의학은 근대적 국가 조직의 필요를 담당하는 분과인데 비해 칸트가 생각한 철학은 단순히 하나의 분과학문 영역을 가리키는 것이 아니라 시효를 다해 낡은 중세 질서의 틀에서 벗어나 근대 문명국가의 건설 과정에서 생길 수밖에 없는 억압과 차별에 대해 성찰하는 이성의 빛에 대한 은유라고 해야 할 것이다.

훔볼트에 의해 근대국가에 세워진 근대 대학의 시효로 일컬어지는 베를린대학훔볼트대학의 건학 취지는 '바람직한' 국가와 사회를 건설하는 데에 도움이 되는 지적 탐구에 있다. 여기서 '바람직하다'는 말은 개인이나 국가와 사회의 추세를 따라 경쟁력을 갖춘다거나 그런 강한 개인의 발전을 위해 국가와 사회가 발판이 되어줄 수 있다는, 그런 의미의 바람직함이 아니다.

개인적인 차원이든, 국가나 사회적 수준에서든, 바람직한 상태는 결국 억압과 차별을 허용하지 않거나 그에 대해 성찰할 수 있는 보편성을 지녔는가에 달려 있으며 대학은 보편적 개인을 양성하고 보편성을 획득한 국가와 사회를 건설하는 데에 역할을 할 수 있어야 한다.

훔볼트 역시 칸트와 마찬가지로 이와 같은 대학 본연의 역할을 수행하기 위해서 필수적인 교육으로 인문 교양교육을 꼽고 있는 것은 결코 우연이라고 할 수 없다. 근대 문명의 기틀 수립에 기여한 칸트나 훔볼트는 공통적으로 근대 문명이 지속가능하기 위해서, 또는 근대 문명을 뛰어넘기 위해서 대학의 인문 교양교육이 절대적으로 필요하다는 점을 근대 문명의 어귀에서 강조하고 있는 것이다.

우리의 모습을 있는 그대로 들여다보자.

이른바 4차산업 문명을 선도하는 승리자가 되어야 한다는 미명 아래, 특히 생존 자체가 지상목표가 되어 있는 지방 사립대들은 인문 교양 과정을 축소하거나, 통째로 없애버리는 데에 과도한 열정을 보이고 있다. 바로 여기에서 국가의 재정이 정말로 필요한 여지가 생긴다. 국가는 어느 시인의 말처럼 '공동체의 공동체'다.

근대 초기의 계몽사상가들이 생각한 것처럼 대학이 국가의 공동체성을 담보해주는 국가적 제도라고 생각한다면, 국가가 대학의 인문 교양교육을 책임져야 한다. 그 정책적 방법으로, 권역별 연합대학에 그 역할을 부여하면 된다.

아울러 각 대학의 인문 교양교육을 담당하다 해고된 강사들, 새로 박사학위를 받고 배출되는 고급 인재들, 전공교육보다는 교양교육에 더 열의를 갖고 있는 전임교수 중에서 자격과 실력이 있다고 인정되는 교원을 권역별 연합대학에서 선임하는 권한을 갖고 바람직한 공동체로서의 국가와 사회를 만들어 가는 데에 국가 재정이 투입되기를 바란다. 그래야 고등교육법에서 명시하고 있는 대로 한국의 사학이 '국가와 인류사회에 이바지'할 길이 열릴 것이다.

왜 이재명인가?
- 기본소득과
  억강부약

왜 이게 명인가

기본소득과 악강부야

·
·
·

　박태환 선수는 2008년 베이징 올림픽에서 금메달을 땄
다. 우리나라는 수영의 불모지였다. 박태환이 수영을 잘 했
다 하더라도 초등학교 때부터 이미 금메달을 딴다는 걸 예상
한 사람이 있었을까. 재능이 있었고 자라면서 훈련을 거듭한
노력의 결실 아니겠는가.

　이제 '기본소득'이란 자가 물살을 가르려고 한다. 보수도
인정한 재능을 갖췄다. 자라면서 훈련을 거듭하다보면 세계
적인 선수로 각광을 받지 않을까.

　지금 '기본소득'이란 초등학생 수영 선수를 발굴해서 잘
관리하여 뛰어난 선수로 키우려는 이재명 후보 본인의 육성
을 직접 들어보자.

·
·
·

기본소득은 가능하고 필요합니다.

이재명 후보 페이스북 2021. 2. 7

외국에서 성공한 일이 없고 실현 불가능하다며 기본소득을 반대하는 분들이 있습니다. 간단히 답하면서 정치적 억지나 폄훼가 아닌 상식과 합리성에 기초한 건설적 논쟁을 기대합니다.

1. 기본소득이란?

모든 국민에게 차별 없이 정기적으로 지급되는 지원금입니다.

경기도가 재난을 맞아 '기본소득 방식'으로 작년 4월에 1차 지급하고, 현재 2차 지급중인 '재난기본소득'이 정기화된다면 이것이 바로 '기본소득'입니다. 작년 5월 지급한 정부의 1차 재난지원금도 개인에게 균등히 정기지급된다면 그 역시 기본소득입니다.

지급액은 예산이 가능한 범위에서 정하면 되고, 지원주기는 매주, 매월, 매분기, 매반기, 매년 중 정하기 나름입니다.

지급 방법으로 전에는 현금 지급을 상정했으나 경제 효과 유발 및 양극화 완화 효과가 큰 지역화폐로 지급하는 것이 바람직합니다.

2. 기본소득은 필요한가?

기본소득은 우파적 입장에서는 작은 정부를 지향하며 복잡한 복지체계를 정비할 목적으로, 좌파적 입장에서는 복지 확대의 한 형태로 논의했으나, 최근 실리콘벨리의 성공한 CEO들빌 게이츠, 마크 저커버그, 일론 머스크이 새로운 관점에서 주장하여 세계적 논의 주제로 급격하게 떠올랐습니다.

복지 확대나 작은 정부 지향이라는 정치적 이유보다, 4차산업혁명기술혁명에 따른 일자리 종말과 과도한 초과이윤, 가계소득과 소비수요 감소에 따른 구조적 저성장과 경기침체를 방지하고 자본주의체제의 유지와 시장경제의 지속성장을 도모하는 것이 주된 목적입니다.

3. 지역화폐로 지급한 한국형 기본소득의 확실한 효과

총수요 부족에 따른 경기침체 대응의 핵심은 수요 확대이고, 수요 창출을 위해 정부는 공공일자리 제공이나 복지 등 가계소득 지원정책을 폅니다.

그런데 과거와 달리 현금을 지원하면 가계는 여러 이유로 소비 대신 불안한 미래를 위해 저축을 선택하며, 그 결과 재정지출의 승수효과소비에 따른 매출, 생산, 투자, 고용의 증가가 제한적입니다.

일본은 1인당 10만앤120만원씩 지급한 지원금 중 10%만 사용되었고 미국은 1,200달러씩 지급한 돈 중 45%만 소비되었습니다.

그러나 대한민국은 1차 재난지원금경기도의 1, 2차 재난기본소득을 3개월내 써야 하는 지역화폐로 지급하여 10억원 이하 중소상공인에게만 사용케 함으로써 극히 소액1인당 26만원 가량, GDP의 0.7%을 지급했을 뿐임에도 통계상 전년도 소비 매출을 넘어서고, 국민들이 2달 이상 명절 대목을 체감할 정도로 경제효과가 컸습니다.

4. 한국형 기본소득은 경제정책인가 복지정책인가?

지금부터라도 한정된 재원을 사용하는 국가정책은 단일효과가 아닌 복합효과를 내도록 설계해야 합니다. 재난지원금을 현금으로 선별 지급하여 단순히 '지원' 효과만 볼 것이 아니라, 모두에게 지역화폐로 지급해 소득 지원과 매출 증가 효과에 이어 생산·유통·고용의 선순환이라는 경제효과를 동시에 누릴 수 있어야 합니다.

통닭집 주인에게 현금을 지급하면 밀린 임대료 내고 끝이지만, 매출을 올려주면 닭을 사고 알바를 고용해야 하고, 닭을 파는 사람은 닭을 더 키워야 하고, 사료를 더 사야하고, 사료공장은...

소상공인들이 '나를 골라 현금 주지 말고 국민에게 지역화폐를 주어 매출을 올려달라'고 호소하는 이유가 바로 이것입니다.

지역화폐로 정기지급하는 기본소득은 가계소득을 지원하는 복지제도인 동시에 경제 활성화와 수요 확대로 지속성장을 가능하게 하는 4차산업혁명시대의 획기적 경제정책입니다.

5. 기본소득은 가능한가?

기본소득이 불가능하다는 분들이 드는 이유는 여러 가지입니다. 기초생활비에도 못 미치는 최대 월 50만원 때문에 노동을 회피할 것이라는 도덕적 해이론은 언급할 가치도 없고, 낙인효과 없이 오히려 복지지원 대상자가 되려고 노동을 피하는 부작용을 막을 수 있으므로 불가론의 핵심인 재정문제를 보겠습니다.

인간의 문제는 인간이 해결할 수 있고, 필요한 정책이라면 외국에 선례가 없다며 지레 겁먹고 포기할 것이 아니라 가능한 방법을 찾아내는 것이 길을 찾아내는 정치인의 일입니다.

정해진 길을 가며 가능한 것을 더 잘하는 것은 행정이고, 새로운 길을 찾아 불가능을 가능하게 하는 것이 정치이기 때문입니다.

우리나라의 복지 관련 지출은 OECD 평균GDP의 21%의 절반 정도인 11%로 OECD 평균 도달에만 200조원2020년 GDP 약 2,000조원의 10% 가량의 복지지출을 늘려야 합니다. 금년 국가예산은 본예산만 558조원이고 추경예산이 더해질 것이며 향후 매년 증가할 것입니다.

• 단기재원 마련방안: 일반예산 절감

작년 1차 정부재난지원금 수준인 1인당 25만원을 연 2회 지급4인 가구 연간 200만원하려면 26조원이 필요한데 이는 국가재정의 5%, 작년 GDP의 1.3%에 불과하여 일반예산 조정으로 얼마든지 만들 수 있습니다.

• 중기 재원마련 방안: 조세감면 축소

1인당 25만원씩 분기별 지급4인 가구 연간 400만원에는 25조원이 추가로 필요한데, 연간 50조~60조원에 이르는 조세감면분을 절반가량 축소하면 조달가능합니다.

• 장기 재원마련 방안: 증세

우리는 어차피 OECD 절반에 불과한 복지 관련 지출을 늘려야 하고 낮은 조세부담률을 끌어올려 저부담 저복지 사회에서 중부담 중복지 사회로 가야 합니다.

이를 위해 증세는 불가피하며, 대다수 국민은 내는 세금보다 돌려받는 기본소득이 더 많은 기본소득목적세를 이해하기만 하면 기본소득을 위한 증세에 반대하기보다 오히려 찬성할 것입니다.

기본소득목적세로 증세된 세금은 정부의 일반재원으로 사용하지 않고 전액 특별회계로 모아 국민에게 공평하게 지역화폐로 지급하여 경제를 살리고, 가계소득을 지원하며, 부의 양극화를 완화하는 역할로 지속적 경제성장을 담보할 것입니다.

기존 세목에 기본소득목적세를 추가할 수도 있겠지만, 기후위기 극복을 위한 각종 기본소득환경세대표적으로 탄소사용을 줄이는 탄소세, 데이터주권 확보를 위해 디지털시대 생산원료인 데이터에 부과하는 기본소득 데이터세, 노동을 대체하는 인공지능 로봇에 부과하는 기본소득 로봇세, 토지 등 불로소득에 부과하는 기본소득토지세 등을 도입할 수 있습니다.

6. 시행 시기는?

한국형 기본소득은 너무 서두를 필요도 없지만, 너무 미뤄서도 안 됩니다.

1인당 연간 100만원분기별 25만원씩 기본소득은 결단만 하면 수년 내 얼마든지 시행 가능합니다. 이 경우 작년 5월 1차 재난지원금으로 모두가 행복하고, 경제가 활성화되고, 국민연대감이 제고되는 효과를 거의 1년 내내 누릴 수 있습니다.

증세를 통한 기본소득 증액은 10년 이상의 장기적 목표 아래 기초생계비 수준인 월 50만원연 600만원, 4인 가족 2400만원이 될 때까지 국민합의를 거쳐 서서히 늘려 가면 됩니다.

7. 지급수단은 현금 아닌 지역화폐여야 합니다.

기본소득은 경제정책이기 때문에 현금이 아니라 사용 기간과 사용처가 제한된 소멸성 지역화폐로 지급해야 합니다.

이해가 쉬워 대중 수용성이 높고 예산도 적게 드는 기본자산제평생을 준비할 씨드머니로 일정고액을 일정연령대에 지급를 제가 주장하지 않는 것을 의아해 하는 분들이 많습니다.

분명히 말씀드리지만 언젠가 기본소득에 이어 기본자산도 도입해야 하겠지만 현 단계에서 저는 도입에 찬성하지 않습니다.

기본소득은 정기지원금을 지역화폐로 지급해 소비 활성화를 통한 지속성장 추진이 가능하지만, 기초자산은 고액이고 인생 설계에 맡겨야 하므로 시장에서 즉시 소비되는 지역화폐로 지급할 수 없기 때문입니다.

8. 외국사례가 없다고 불가능한 것도 아니고 못할 이유는 아닙니다.

외국이 기본소득을 도입하지 못하는 경우는 아직 그럴 여력이 없거나, 고복지 국가의 경우 기존 대규모 복지를 기본소득으로 대체해야 하는데 제도 전환의 필요가 크지 않기 때문입니다.

그런데 우리는 어차피 복지 관련 지출을 현재의 2배 이상 늘려야 하므로, 증액 재원 일부는 기본복지 강화나 신규복지 도입에 사용하고, 일부는 복지정책이면서 경제정책인 지역화폐형 기본소득에 투입하여 제도 간 경쟁을 통해 더 나은 제도에 더 많은 투자를 해 나가면 됩니다.

우리는 '국채비율 증가를 감수하며 가계소득 지원을 늘려 가계부채비율을 줄이는' 세계 각국의 선례를 따르지 않고 '저 가계지원, 저 국채비율, 고 가계부채비율'이라는 옳지 않은 우리만의 길을 걸어왔습니다.

질적으로 달라진 세계에는 질적으로 다른 새 정책이 필요합니다. 기술혁명, 디지털경제, 초집중의 시대에 양극화 완화, 가계소득지원, 경제 활성화라는 3중 효과를 낳는 복지적 경제정책인 기본소득은 시기문제일 뿐 결코 피할 수 없습니다.

공정성장의 핵심 기본소득, 이재명은 합니다!

4차산업혁명이 일자리를 위협하고 있습니다. 사회·경제적 양극화로 인해 최소한의 인간다운 삶은 물론 생존마저 위기로 내몰리고 있습니다.

지금은 어느 때보다 생산력은 높지만, 소비역량은 부족합니다.

투자할 돈은 남아돌지만 투자할 곳은 찾기 어렵습니다.

국가재정을 공급에 집중하면 고용과 소비가 늘던 시대가 저물고, 이제 양극화 완화, 즉 분배강화가 경제성장에 도움 되는 시대로 바뀌었습니다.

대전환의 위기 시대에 위기를 기회로 만드는 대대적인 정부 역할도 중요한 성장 수단이지만, 세계 최저수준인 공적이전소득국가의 가계소득 지원과 가계소비를 늘리는 것도 경제성장의 길입니다.

존경하는 국민 여러분!

지난해 전 국민에게 소멸성 지역화폐로 지급한 1차 재난지원금의 경제효과를 상기해 보십시오. 지역화폐형 기본소득이 복지정책이기에 앞서 경제정책이라고 말씀드리는 이유입니다.

지역 골목경제 활성화와 매출 양극화 해소를 위해 소멸성 지역화폐로 지급되는 기본소득은 현금과 달리 경제 활성화 효과가 극대화

됩니다.

기본소득은 어렵지 않습니다. 작년 1차 재난지원금이 가구별 아닌 개인별로 균등 지급되고, 연 1회든, 월 1회든 정기적으로 지급된다면 그게 바로 기본소득입니다.

성남시 청년배당, 경기도 청년기본소득, 2차례 재난기본소득 지급이 전통시장과 골목상권 등 지역경제에 얼마나 큰 활기를 불어넣었는지는 통계상으로나 체감적으로 이미 증명되었습니다.

기본소득은 소득 양극화 완화와 경제 활성화를 동시에 달성하는 복지적 경제정책으로서 재정효율을 2배로 만드는 일석이조의 복합 정책입니다.

행정이 있는 길을 잘 가는 것이라면, 정치는 새로운 길을 만드는 것입니다. 제대로 된 정치인은 전인미답의 길이라도 두려움을 떨쳐 내고 상처를 감수하며 길을 내야 합니다.

저 이재명은 박근혜 정부의 탄압을 뚫고, 광화문광장에서 11일간 단식농성까지 해 가며 성남시에서 청년기본소득을 시작하여 경기도에서 확대 시행했습니다.

제가 개발해 전국에 확대된 지역화폐와 결합한 기본소득은 복지적 경제정책으로 효과를 입증하면서 전 세계인의 관심을 끌고 있습니다.

저 이재명이 기본소득을 국가정책으로 도입해 조세저항을 최소화하며, 저부담 저복지국가에서 중부담 중복지 국가로 가는 대전환의 길을 열겠습니다.

■ 기본소득 공약

1. 대통령 직속 기본소득위원회 설치 및 기본소득 공론화

기본소득은 아직 낯설지만, 국민께서 내용을 알면 아실수록 필요성에 공감하는 제도입니다.

경기도에서 공론화를 위한 숙의 토론을 두 차례 진행한 결과, 기본소득 도입 찬성 여론이 토론 전에는 50%였지만 토론 후에는 79%까지 높아졌습니다.

기본소득은 부족한 기존 복지를 통폐합하자는 것이 아닙니다. 그렇다고 '증세 없는 복지'를 하자는 기만도 아닙니다.

대한민국은 경제는 선진국 수준임에도 불구하고 복지는 OECD 평균의 절반 정도에 그치고 조세부담률도 현저히 낮습니다. 조세부담률을 올리고 복지를 늘리려면 증세해야 하지만, 정부에 대한 불신과 조세저항으로 쉽지는 않습니다.

그러나 국민 대다수가 증세로 인한 부담보다 받는 혜택이 더 많다고 확신하신다면 증세에 대한 국민의 동의도 얻을 수 있을 것입니다.

기본소득은 증세 저항을 최소화하면서 조세부담률을 올리고, 복지지출을 늘리면서 양극화를 완화할 수 있는 실현 가능한 정책입니다.

증세를 동반한 본격적 기본소득은 기본소득의 효용과 증세의 필요성을 국민께서 체감하고 동의한 후에야 가능합니다.

저 이재명은 대통령 직속 국가 기본소득위원회를 설치해 기본소득정책에 대한 공감을 끌어내며, 기본소득을 설계하고 점진적으로 시행하겠습니다.

2. 기본소득 방식

기본소득은 충분한 검증과 국민적 동의, 재원확보 과정을 거쳐야 하므로 일시적으로 전면 시행은 불가능하고, 가능한 범위에서 시작해 점진적, 단계적으로 확대해나가겠습니다.

저 이재명이 구상하는 기본소득은 전 국민 대상으로 소액에서 시작해 고액으로 늘려 가는 보편기본소득과 청년 등 일부 계층이나 농촌 등 일부 지역을 대상으로 고액으로 시작해 대상을 확대해 가는 부분기본소득이 있습니다.

성남시와 경기도에서 시행 중인 청년기본소득, 경기도가 시행중인 농민기본소득, 시행 준비 중인 농촌기본소득이 이에 해당합니다.

3. 기본소득은 반드시 시행하겠습니다.

장기적으로 기본소득의 최종 목표 금액은 기초생활수급자 생계비 수준인 월 50만원으로 판단합니다.

다만, 재원 형편상 차기 정부 임기 내에 최종목표에 도달할 수는 없으나, 차기 정부 임기 내에는 청년에게는 연 200만원, 그 외 전 국민에게 1인당 연 100만원4인가구 400만원을 지급하겠습니다.

1) 청년기본소득 연 200만원 지급

2016년 시작한 성남시 청년배당, 2019년 시작한 경기도 청년기본소득으로 만 24세 청년은 분기별 25만 원씩 연 100만원을 지역화폐로 지급 받습니다.

적다면 적은 돈이지만, 청년들의 삶에 큰 변화가 있었습니다.

생활비 때문에 아르바이트를 전전하던 청년들이 학습 및 자기계

발 시간이 늘어나 미래를 준비하고 꿈꿀 수 있습니다.

경기도 청년기본소득을 전국으로 확대해 취약계층이 되어버린 19세부터 29세까지의 청년약 700만명에게 보편기본소득 외에 연 100만원을 지급하겠습니다.

보편기본소득과 청년기본소득이 정착되면 청년들은 19세부터 11년간 총 2,200만원의 기본소득을 받게 되어 학업, 역량개발 등에 더 많은 시간을 투여할 수 있게 될 것입니다.

2) 전 국민에게 연 100만원 지급

청년기본소득 대상자를 제외한 모든 국민에게 연 100만원4인가구 400만원 이상을 소멸성 지역화폐로 지급하겠습니다.

임기 개시 다음 연도인 2023년부터 25만원씩 2회로 시작해 임기 내에 최소 4회 이상100만원 이상으로 늘려나가겠습니다.

회당 지급금액은 작년 1차 재난지원금의 4인 가구 100만원1인당 25만원을 기준으로 설계를 하였습니다.

3) 다른 분야 지급

농민, 노인, 아동청소년, 장애인, 문화예술인 등을 비롯해 지방의 위기지역 등 다른 분야의 부분기본소득은 해당 분야 정책공약 발표 과정에서 함께 말씀드리겠습니다.

4. 기본소득 재원

도입기인 차기 정부의 기본소득은 일반재원, 조세감면분, 긴급한 교정과세기본소득토지세와 탄소세로 시작합니다. 차차기 정부부터 기본소득 목적세 도입으로 기본소득을 본격 확대하게 될 것입니다.

다만, 차기 정부에서도 국민적 합의를 통해 제가 공약한 기본소득액의 1.5배 이상 지급은 충분히 가능할 것으로 예상합니다.

1) 재정구조 개혁, 예산절감, 예산 우선순위 조정, 물가상승률 이상의 자연증가분 예산, 세원관리 강화 : 25조원 이상.
2) 연간 60조원을 오가는 조세감면분 순차 축소 : 25조원 이상
3) 긴급한 교정과세분

【 기본소득 토지세 】

토지공개념 실현, 불로소득 차단, 부동산투기 억제를 위해 국토보유세를 부과해야 합니다. 국토보유세 1%는 약 50조원 가량인데 조세저항이 심할 것입니다.

그러나 징수세 전액을 국민에게 균등지급하는 기본소득 목적세로 신설하면 약 80%~90%의 국민께서는 내는 세금보다 받는 기본소득이 더 많은 순수혜자가 되어 조세저항 최소화, 양극화 완화, 경제 활성화, 투기억제 등의 복합적인 정책효과가 나타날 수 있습니다.

망국적 부동산투기를 막아 부동산 시장을 정상화하고, 실거주 1주택자 보유자나 무주택자를 보호하려면 긴급하게 전국토에 대한 기본소득 토지세를 부과해 전국민에게 균등 지급해야 합니다.

【 기본소득 탄소세 】

기후위기를 맞아 탄소 제로 경제로 전환하려면 탄소세 부과 외에는 방법이 없습니다. 톤당 5만원만 부과해도 약 30조원인데, 국제기구 권고에 따라 8만원 이상으로 올리면 64조원입니다.

이 탄소세 재원 중 일부는 산업전환 지원에 사용하고, 일부는 물가상승에 직면할 국민에게 균등지급하면 조세저항이나 물가상승 피해가 적고, 탄소 배출자의 저탄소사회 적응, 화석연료 사용 감축, 소득양극화 완화, 경제 활성화라는 복합효과를 얻을 수 있습니다.

4) 일반적인 기본소득목적세

장기목표로 차기 임기 내에 시행은 쉽지 않겠지만, 기본소득 정책의 효능 증명으로 국민적 합의의 토대가 만들어지면 일반적 기본소득 목적세 도입도 가능할 것입니다.

5. 기본소득으로 대한민국의 지속가능한 성장을 만들어 가겠습니다.

소멸성 지역화폐와 결합한 기본소득은 공정성장 전략의 핵심입니다.

이 시대 최대 과제인 소득양극화 완화정책인 동시에 소비 확대 및 소상공인 지원, 매출 양극화 완화로 지역경제와 골목상권을 살리는 경제정책입니다.

기본소득 토지세나 탄소세는 부동산투기나 탄소 배출로 생기는 이익을 소수가 독점하는 불공정경제를 시정하여 공정경제로 바꾸고, 주권자가 공유부의 실제 주인이 되어가는 전환적 정책입니다.

40여 년 전 매월 7천원만 있었다면 제가 학원비를 벌려고 공장을 다니다 팔에 장애를 입고 군대를 못가는 불행은 없었을 것입니다.

기본소득제도로 송파 세 모녀에게 월 30만원만 있었으면, 가족들의 극단적 선택도 없었을 것이고, 코로나 장발장이 굶주림에 달걀을 훔치지도 않았을 것입니다.

사회경제적 불평등 문제를 해결하고 지속가능한 공동체 유지를 위해 프란치스코 교황과 빌 게이츠, 마크 저커버그, 일론 머스크 같은 글로벌 CEO들도 기본소득 도입을 주장하고 있습니다.

경제적 기본권에 기초한 기본소득은 기존 복지정책에 더하여 온 국민을 보호하는 최소한의 사회안전망입니다. 40여 년 전 박정희 정권 당시 불완전하게 만들어진 의료보험이 지금은 세계에 자랑하는 최고의 복지체계로 발전했듯이, 한국형 기본소득은 세계가 주목하는 모델이 될 것입니다.

세계 각국이 다양한 방법으로 기본소득 실험을 진행하고 있습니다. 하지만 실험이 아니라 정책을 통해 지속적으로 실행한 것은 대한민국 경기도가 가장 앞서 있습니다.

저 이재명은 불가능한 약속을 하지 않았고, 한번 한 공약은 반드시 지켰습니다. 그래서 두 번의 성남시장과 경기도지사 재임 동안 어떤 후보도 넘보지 못할 평균 공약이행률이 95%라는 성과를 냈습니다.

기본소득은 일자리가 사라지고 양극화가 극심해지는 미래 사회에, 국민을 살리고 나라를 살리며 시장경제를 살리는 가장 유효한 핵심정책입니다.

불굴의 용기와 추진력으로 박근혜 정부의 반대를 뚫고 청년기본소득을 시행했던 것처럼, 전국민 기본소득 도입으로 대전환의 시대에 양극화 완화와 지속가능 성장이라는 새역사를 만들겠습니다.

공정성장의 핵심 기본소득, 이재명은 합니다!

감사합니다.

2021년 7월 22일

더불어민주당 제20대 대통령 경선 후보

기호 1번 이재명

기본소득과 억강부약!
이재명은 합니다!

왜 이재명인가

기본소득과 억강부약

발행일 : 2021년 10월 8일

편저자 : 송필경

펴낸이 : 김태문

펴낸곳 : 도서출판 다락방

주 소 : 서울시 서대문구 북아현로 16길 7 세방그랜빌 2층

전 화 : 02) 312-2029

팩 스 : 02) 393-8399

홈페이지 : www.darakbang.co.kr

값 15,500원

ISBN 978-89-7858-100-4 03340